一学就会的
日常驾驶技巧

王淑君　编著

配动画视频版

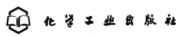
化学工业出版社
·北京·

本书为驾车新手提供了日常驾驶过程中应对各种道路情况的基本方法和技巧，如超车、会车、让车、跟车、停车的技巧，行车时的观察技巧，特殊路况、不同时段、不同天气的行车技巧等。

全书图文并茂，科学、实用。对涉及实际操作的内容配以精美MP4三维动画演示视频讲解，有利于驾驶技术初学者快速提高驾车技能，从新手变为高手。

图书在版编目（CIP）数据

一学就会的日常驾驶技巧：配动画视频版/王淑君编著．—北京：化学工业出版社，2020.5（2025.7重印）
ISBN 978-7-122-36200-1

Ⅰ.①一… Ⅱ.①王… Ⅲ.①汽车驾驶-基本知识 Ⅳ.①U471.1

中国版本图书馆CIP数据核字（2020）第025321号

责任编辑：黄　滢　　　　　　　　　装帧设计：尹琳琳
责任校对：赵懿桐

出版发行：化学工业出版社（北京市东城区青年湖南街13号　邮政编码100011）
印　　装：河北延风印务有限公司
710mm×1000mm　1/16　印张12　字数224千字　2025年7月北京第1版第9次印刷

购书咨询：010-64518888　　　　　　　售后服务：010-64518899
网　　址：http://www.cip.com.cn
凡购买本书，如有缺损质量问题，本社销售中心负责调换。

定　价：59.80元　　　　　　　　　　　　　　　　　版权所有　违者必究

前言

凡事都有其自身的规律,成为驾驶高手也不例外。

汽车驾驶的过程中包含很多技巧或窍门,掌握多了,也就自然而然地成为驾驶高手了。当然,熟能生巧,时间久了也可以自己逐渐摸索出来,但是这个过程会很漫长,需要日常开车过程中多加练习、不断地总结经验教训才能做到。

因此,为帮助广大汽车驾驶员朋友,尤其是新驾驶员朋友和那些准驾驶员的驾校学员们,快速提高驾驶技能,掌握更多的日常驾驶技巧,尽快地从驾车新手转变成驾车老手或驾车高手,特编著了此书。

本书结合笔者多年驾校培训经历以及自身驾驶过程中不断研究、总结、提炼出来的驾驶方法和技巧,精选出一系列便捷实用的方法和技巧,编撰成书,奉献给广大读者。

本书内容主要从驾驶员的心态调整、驾车前的必要准备、行车时的观察技巧,不同道路行驶路线的选择,日常停车入位、倒车、超车、会车、让车、跟车、变道、掉头、坡道行驶等的方法、技巧和要领,以及不同道路、天气、场地情况如何驾驶等方面进行介绍。全书内容力求简洁易懂,尽可能"用图说话",图片精美、直观形象。对于实际驾驶操作,配备了高清的MP4三维仿真动画演示视频进行讲解。一看就懂、一学就会。

本书由王淑君编著,感谢王苏巍、王业荣、苏国芳、金燕、王会军、牛玉兰、王海琼、石磊、张秀丽、李康、李晓星、王玉玲、苏国勤、苏国平对本书编著过程中插图绘制和整理等方面所做的大量工作。

希望本书能够成为新老驾驶员朋友提高驾驶技能和日常行车的良师益友。

由于编著者水平有限,书中不妥之处在所难免,敬请批评指正。

编著者

目录

1 驾驶员的心态调整技巧　　001

1.1　消除恐惧心理　　001
1.2　主观上适应客观存在的交通流　　002
1.3　克服急躁情绪　　003

2 驾车前的必要准备　　004

2.1　带上必要的证件和设备　　004
2.2　驾车前的车内外安全检查　　004
　　2.2.1　车外检查项目　　004
　　2.2.2　车内检查项目　　008
　　2.2.3　定期检查项目　　009
2.3　上下车前确认安全　　011
2.4　保持正确的驾驶姿势　　011
2.5　调整好座椅　　013
2.6　系好安全带　　013
2.7　汽车驾驶要诀　　013
　　2.7.1　手动挡汽车　　013
　　2.7.2　自动挡汽车　　014
　　2.7.3　手自一体汽车　　016
2.8　上路前预先规划好行驶路线　　017
2.9　可行的节油驾驶技巧　　018

3 行车时的观察、判断与选择技巧　　019

    3.1 常见的盲区   019
    3.2 后视镜产生的盲区   021
    3.3 一般道路行驶时如何正确判断车距   021
    3.4 高速行驶时如何正确判断车距   025
    3.5 不同行驶状态下的观察要领   025
        3.5.1 直行   025
        3.5.2 直行通过路口   026
        3.5.3 左右转弯   027
        3.5.4 变更车道   028
        3.5.5 掉头   029
        3.5.6 弯道行驶   030
    3.6 不同道路行驶时的位置判断和行进路线选择   030
        3.6.1 路面停车   030
        3.6.2 弯道通行   032
        3.6.3 通过狭窄拐角   034
        3.6.4 无中心线、路幅狭窄的道路   036
        3.6.5 有中心线（虚线）、单向一个车道的道路   037
        3.6.6 有中心线（实线）、多车道的道路   037
    3.7 行驶路面的选择及路面颜色与路面状况的关系   038

4 城乡道路驾驶技巧　　040

    4.1 城乡道路的特点   040
        4.1.1 城市道路   040

目录

4.1.2　乡村道路	041
4.2　驾驶技巧	041
4.2.1　汇入车流	041
4.2.2　控制车速	041
4.2.3　跟车	048
4.2.4　会车	055
4.2.5　超车与让超车	057
4.2.6　变道	060
4.2.7　交叉路口行驶	063
4.2.8　倒车	076
4.2.9　公路掉头	081
4.2.10　坡道通行	085
4.2.11　弯道与狭窄路口通行	089
4.2.12　环岛通行	094
4.2.13　立交桥通行	097
4.2.14　铁道路口通行	109
4.2.15　夜间行驶	113
4.2.16　堵车时的通行	121
4.2.17　避让特种车辆	121
4.2.18　确保行人、非机动车和其他机动车的安全	123

5　高速公路驾驶技巧　　126

5.1　高速公路的特点	126
5.2　高速公路上的行驶特性	127
5.3　上高速路前的准备	128
5.4　安全驶入高速公路	128
5.5　高速公路行车道行驶	129
5.6　安全驶离高速公路	130

6 特殊天气驾驶技巧 132

6.1	雨天驾驶	132
6.2	炎热天气驾驶	133
6.3	雾天驾驶	133
6.4	严寒天气驾驶	134
6.5	涉水驾驶	136
6.6	大风天驾驶	136
6.7	山区道路驾驶	136

7 不同场地日常停车技巧 137

7.1	垂直停车场停车	137
	7.1.1 成功入位的规律和基本技巧	137
	7.1.2 基本右倒停车入位及出位方法	141
	7.1.3 其他倒车入位及出位方法	147
7.2	斜线停车场停车	152
	7.2.1 基本停车入位方法	152
	7.2.2 仿垂直停车入位方法	154
7.3	纵向停车场停车	156

8 安全驾驶常识 161

8.1	容易被忽视的法律知识	161
8.2	车内装饰物或放置物摆放注意事项	162
8.3	车内乘客安全须知	163

目录

  8.4 乘客上下车安全须知 163
  8.5 儿童乘车安全须知 163

9 其他驾驶技巧   165

  9.1 如何开得"稳" 165
  9.2 转向不足或转向过度的处理 166
  9.3 避免油门当刹车踩 166
  9.4 高速行驶或下长坡时安全控制车速 167
  9.5 紧急情况如何"躲闪" 167
  9.6 如何防止车辆停放后被撞 167
  9.7 避免打瞌睡 167
  9.8 避免疲劳驾驶 168
  9.9 危险时段的应对 168
  9.10 经典语录 169
  9.11 长途驾驶经验 170
  9.12 容易引发事故的小问题 171
  9.13 学一点修车知识以备急用 172
    9.13.1 烧机油的原因 172
    9.13.2 听声音找故障 173
    9.13.3 简单电路故障的判断 173
    9.13.4 车内消毒方法 174
  9.14 特殊人群安全驾驶 174
  9.15 交通事故的处理 177

10 特殊出行驾驶要诀   178

  10.1 自驾游出行驾驶要诀 178
  10.2 越野驾驶要诀 180
  10.3 季节交替驾驶要诀 181

1 驾驶员的心态调整技巧

1.1 消除恐惧心理

(1) 产生恐惧心理的因素

❶ 不熟悉机件就上路,操作手忙脚乱,而实际道路上的车流状态又复杂多变,不能集中精力观察交通状况,有顾不过来的感觉,因此心里容易发慌。

❷ 速度感、空间方位感没有很好地建立起来,不能准确观察、预判自己和其他交通参与者下一时刻的位置,也是造成紧张心理的一个重要因素。

(2) 消除方法

❶ 熟悉车辆。对常用装置操纵得越熟练,在复杂的交通流中行进时就越从容。拿到一辆不熟悉的车后,应在空旷或车少人稀的地方适当练习一下。可找驾车老手把你带到那里。实在没有条件的最好在原地练习操作。主要练习使用的装置有变速杆、离合器、油门、刹车、灯光开关、雨刮器开关,还要练习通过看后视镜判断车体的位置。

❷ 培养速度感、空间方位感。在车少人稀的路段以不同的速度驾驶车辆,建立准确的速度感,体会不同速度下刹车距离的长短,熟练后随车流行进时会感到轻松自如。准确判断车辆所处的位置,就不会因看到"路比车窄"、"车太近"而感到害怕了。判断车距的方法见本书后续跟车部分的相关内容。

有了以上熟练的基础后,操作已经进入"自动化"状态了,这时候不会因为基本操作而分散注意力了,注意力自然就集中在观察和判断交通流上了,恐惧心理也就随之消失了。你会发现:在复杂环境中驾驶也不过如此!

1.2 主观上适应客观存在的交通流

必须适应客观存在的交通流。交通流是随时变化的，是动态的，是客观的。因此，应当主动适应交通流，要随交通流的变化而变化。

此外，应考虑不影响他人的正常驾驶，如图1-1所示。

切记：让交通流适应自己的想法是不可取的，很容易发生事故！

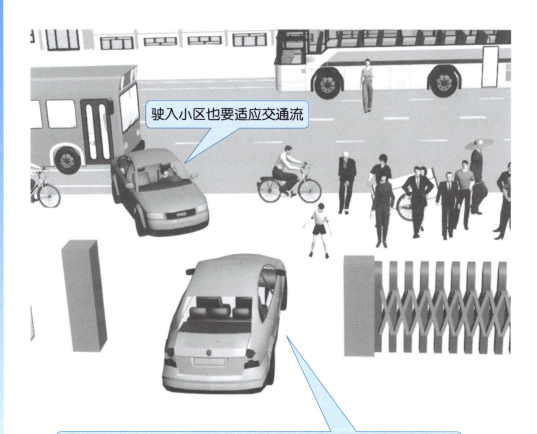

驶入小区也要适应交通流

我要驶出小区，想让大家都给我让路，实现不了。因此我只能随机应变适应他们了，根据交通流的状态决定下一步的操作

图1-1 主观上适应客观存在的交通流

1.3 克服急躁情绪

突然横穿马路的行人、其他车辆的违法行为、不文明驾驶行为等突发情况，都可能产生危险，也许会引起驾驶员的急躁情绪，如图1-2所示。

图1-2 突发情况时应克服急躁情绪

此时必须冷静，一定要牢记：礼让为上，安全第一！如果一味地指责他人，甚至把生活中的压力发泄在路上，很容易造成恶性循环，可能会造成交通堵塞等更为严重的后果，反而会带来更多的麻烦。

2 驾车前的必要准备

2.1 带上必要的证件和设备

带上驾驶证、行驶证、保险单、IC交通卡、三角警示牌、随车工具、备胎、灭火器、电筒等。还可以买个家用急救包带上。

2.2 驾车前的车内外安全检查

2.2.1 车外检查项目

（1）检查轮胎情况

❶ 目测胎压是否正常。如图2-1所示。
❷ 检查轮胎上有无异物。如图2-2所示。
❸ 行驶一定里程时，应检查轮胎的磨损程度。如图2-3所示。
❹ 检查车轮附近有无异物。如图2-4所示。
❺ 预防爆胎。要按厂家规定的值充气。充气压力不可过高，也不可过低，要保证轮胎气压平衡，要避开地面上的尖锐物体，必要时下车排除，要按说明书的规定定期进行轮胎换位，磨损到规定位置时一定要更换轮胎。

(a) 胎压正常

(b) 胎压过低

(c) 胎压过高

图2-1 目测胎压是否正常

图2-2 检查轮胎上有无异物

图2-3 检查轮胎的磨损程度

（2）检查后视镜情况

❶ 检查后视镜的清洁情况。如图2-5所示。
❷ 检查后视镜位置是否需要调整。如图2-6所示。

图2-4 检查车轮附近有无异物

图2-5 检查后视镜是否清洁

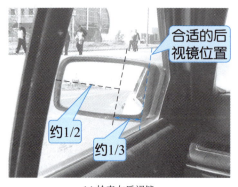

(a) 检查左后视镜

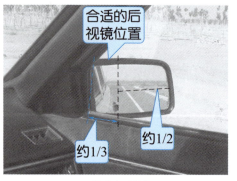

(b) 检查右后视镜

(c)检查车内后视镜

图2-6 检查后视镜的方法

（3）检查车窗玻璃情况

驾车时要经常通过车窗玻璃观察车外的情况，以保证行车安全，如图2-7所示。

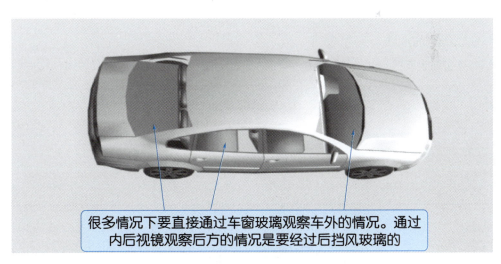

图2-7 通过车窗玻璃观察车外情况

（4）检查灯罩、灯光情况

各种车灯也是必须例行检查的项目之一，如图2-8所示。

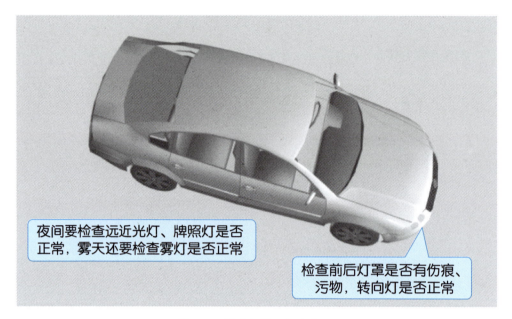

夜间要检查远近光灯、牌照灯是否正常，雾天还要检查雾灯是否正常

检查前后灯罩是否有伤痕、污物，转向灯是否正常

图2-8 检查灯罩、灯光情况

2.2.2 车内检查项目

（1）检查车内仪表、指示灯

具体检查方法见图2-9。

（2）检查踏板

检查各踏板附近有无异物。起步后试验制动性能。如图2-10所示。

注意看燃油表的数量，双燃料车还应检查燃气是否充足

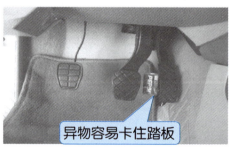

异物容易卡住踏板

图2-9 检查车内仪表、指示灯是否工作正常　　图2-10 检查踏板附近有无异物

（3）检查方向盘

起步后左右转动方向盘，略走S形，如图2-11所示。

图2-11　检查方向盘的工作状况

2.2.3　定期检查项目

每隔一段时间要进行一次车况检查，可以一两周检查一次。检查项目如图2-12所示。

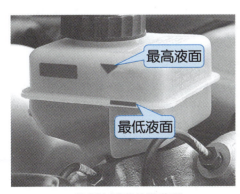

(a) 检查制动液储量是否正常

(b) 检查冷却液储量是否正常

图2-12

(c) 检查机油储量是否正常

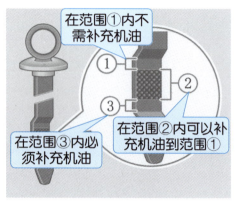

(d) 检查机油液面高度是否正常

(e) 检查挡风玻璃清洗液储量是否正常

(f) 检查转向助力液储量是否正常

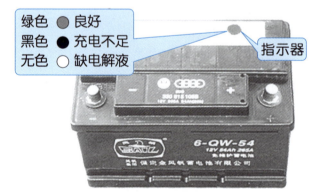

(g) 检查电解液液面高度是否正常

图 2-12 车况定期检查项目

2.3 上下车前确认安全

上下车前一定要确认安全!这里的"安全"指的是驾驶方面的安全。如图2-13所示。

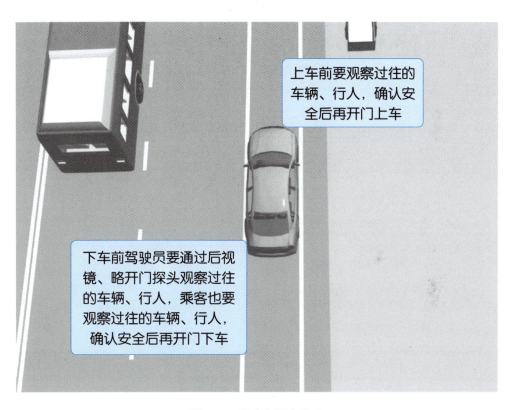

图2-13 注意上下车安全

2.4 保持正确的驾驶姿势

图2-14列出三种驾驶姿势,其中图2-14(c)为正确姿势。

过于后仰

不能为了方便看后视镜，就将靠背调得过于后仰，这不仅容易造成踩空踏板的现象，还容易疲劳

(a) 过于后仰容易疲劳

过于前倾

正常驾驶时，座位调得过于向前，容易造成身体被迫过于前倾，缩小手脚活动范围，腿容易碰到前面控制台的状况，容易过早疲劳

(b) 过于前倾容易疲劳

合适

正确的驾驶姿势能使驾驶员在长时间的驾驶中不会过早地出现疲劳现象，能保持充沛的精力观察车外情况和车内仪表，从而在复杂的交通环境中作出可靠的判断并采取正确的操作

(c) 正确姿势不易疲劳

图 2-14　不同驾驶姿势对比

2.5 调整好座椅

驾驶员座椅的位置对形成正确的坐姿有着重要的影响。因此,应调整座椅到合适的位置,具体方法如下。

双手紧握方向盘,把离合器踩到底(自动挡汽车是把刹车踩到底),如果腰部能顶紧靠背,腿部还略有弯曲时,座椅的位置就调整合适了。见图2-15。

图2-15 调整座椅的位置

提示 有些车辆的座椅不但能够调整前后,还能调整高低和靠背的弯曲度!

2.6 系好安全带

发生前后撞击或突然刹车,安全带能起到缓冲作用,所以一定不要忘记系上安全带。

2.7 汽车驾驶要诀

2.7.1 手动挡汽车

手动挡换挡操作大家已经熟悉了,这里主要介绍换挡时机的选择。

(1)加挡时机的确定方法

❶ 踩油门提速,可以瞟一眼转速表,对于一般车辆来说,发动机转速在2500r/min左右时,加挡比较合适,注意听此时发动机的声音,记在心里。以后听发动机声音换挡即可。

❷ 换挡后声音小而轻快，没有沉闷的突突声，说明加挡时机合适。

❸ 如果车速提得过高，换入高一级挡位，松离合器时，油门又没有跟上，车辆会出现顿挫的现象。

（2）减挡的方法

❶ 首先要通过减油门把车速降到适合换入低一级挡位的速度，再减挡。若速度没有降下来就减入低一级挡位，会产生猛烈的发动机制动现象，车辆会猛顿挫一下，对机件不好。

❷ 如果车速高，减挡的距离比较短，可以通过适度踩制动的方法先降低车速，速度合适时再换挡。

❸ 踩制动时不要踩下离合器，换挡时再踩。有一定速度时，适度踩刹车，车辆是不会熄火的。速度不太快时，急刹车才会造成熄火。

❹ 行驶中也不要空挡制动。

 提示

有些汽车的倒挡需要往下按才能挂上。

2.7.2 自动挡汽车

不同自动挡汽车驾驶操作大同小异，请参看说明书。这里简单介绍些一般知识。如图2-16～图2-19所示。

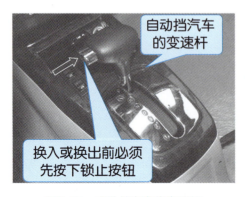

图2-16 自动挡汽车的变速杆

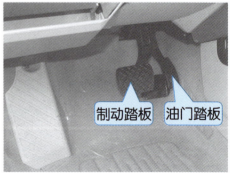

图2-17 自动挡汽车的踏板

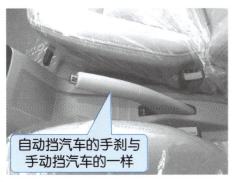
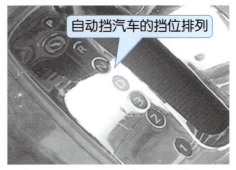

图 2-18　自动挡汽车的手刹　　　图 2-19　自动挡汽车的挡位排列

(1) 各挡位的作用与操作方法

P—驻车锁止挡。只有在汽车静止时才可以换入。在换入或换出前必须先按下锁止按钮。若发动机已启动，换出前还要踩下制动踏板。

N—空挡。车速低于5km/h或汽车静止且发动机已启动时，必须按下锁止按钮并踩下制动踏板才能从N挡换出。

D—行车挡。一般道路上使用这个挡位。在这个挡位下变速箱会根据油门和车速自动在1～4四个前进挡之间进行高挡或低挡的切换。

3、2、1各挡位是指强制把变速器限制在某一挡以下。比如3就是把变速器强制限制在4挡以下。具体来说：

3—用于丘陵等起伏的路段。此时4挡被锁止，汽车只能在1、2、3挡之间自动升挡或降挡。可以在松开油门时提高发动机的制动作用。

2—用于长山路行驶。此时3、4挡被锁止，汽车只能在1、2挡之间自动升挡或降挡。可以在松开油门时提高发动机的制动作用。

1—用于陡峭山路行驶。此时2、3、4挡被锁止，汽车只能在1挡行驶，这时候可以获得发动机的最大制动作用。要想换入这个挡位必须按下变速杆上的锁止按钮。

手动可以换入3、2、1挡。

R—倒挡。只有在汽车静止且发动机怠速运转时才能换入。必须按下锁止按钮并踩下制动踏板才能从P或N位置换入倒挡R。

(2) 自动挡汽车驾驶要诀

❶ **起步**。等发动机怠速下降并稳定，水温表指示正常以后，踩下刹车，选择挡位R（倒挡，倒车用）、D、3、2、1之一，松手刹，等到变速器已经换挡且驱动轮产生附着力之后，再踩油门即可起步。

❷ **行驶**。行驶中踩油门加速，踩刹车减速，如前所述挡位可自动变换。行驶中还可根据道路状况选择D、3、2、1之一。

小技巧

自动挡踩一下松一下可以实现提前升挡。驾驶车辆起步后，很快挡位升入2挡，再稍微重踩油门，当发动机转速超过2000r/min，速度约40km/h时，稍微松一下油门，变速箱就会提前升入3挡，再踩下油门至转速2000r/min，速度达到60km/h时，松开油门，变速箱就会提前升入4挡。

自动变速箱会根据踩油门的程度来决定是否降挡，例如超车时，可以先松开油门再一脚踩下去，这时变速箱会自动降1挡甚至2挡来满足你的动力要求，完成超车后松开油门，挡位又会回到你当前速度合适的挡位，所以光用油门来控制就可以了。

❸ **停车**。踩下制动踏板，停车后拉紧手制动，并把变速杆置于P挡。

若是临时停车，如遇红灯时，不必将变速杆换入N挡（空挡），只需踩制动即可。记住这种情况下千万不要拉手刹松制动，否则将对汽车产生损伤。而且这种情况下也只能通过踩制动保持静止状态。注意临时停车时，若不换入N挡，必须踩制动踏板使汽车转入并保持静止状态，这时不能使用手刹维持静止状态，否则在松开行车制动踏板时及以后，将对汽车产生"疲劳损伤"，因为即使是怠速运转时驱动力也没有完全中断。

2.7.3 手自一体汽车

对于手自一体车型，也可采用手动模式行车，即将操作杆拨向右侧，根据车速向"+"号推升挡，向"-"号推降挡。如图2-20所示。

(a) 手自一体汽车变速杆　　　　(b) 手动挡挡位和自动挡挡位

(c) 换挡方法

图 2-20　手自一体汽车驾驶要诀

2.8 上路前预先规划好行驶路线

上路前预先规划好行驶路线很重要。一般情况下，应选择最短的路线走，但也不是一成不变的。如图 2-21 所示，从 A 到 B 可以有多种走法，比如沿实线走就要经过三个红绿灯，可能会比沿虚线走更费时间。所以规划行驶路线很重要。此外，路程相当时应尽量选择避开拥堵路段行驶。

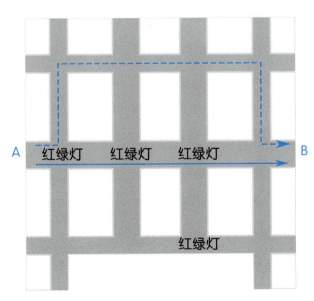

图 2-21　行驶路线规划方案

2.9 可行的节油驾驶技巧

❶ 规划好行驶路线。不论长途还是短途，可通过问问有经验的人，确定最佳行驶路线，可以省油。最佳路线的选择原则是最省油、最省时间，但不一定就是最短的路线。也可通过地图确定。通过导航设备选择路线也是一个不错的选择，但也不能完全依赖导航设备，因为它不能包含所有的路线，道路上是否发生堵车等意外，目前也还无法实时显示。

❷ 少用或不用刹车。快到红绿灯或停车点时，应靠油门来控制车速，如果不是下坡路，手动挡汽车可以选择空挡滑行。在市内行进不要频繁超车，因为那样要经常使用刹车。只看前面的车不能顾全大局，很容易造成刚加速又刹车的情况。看前方的车流决定是否加速是减少刹车次数的有效方法。

❸ 启动后不要空轰油门。等离合器结合后再加油，起步要均匀缓踩油门，猛加油比缓加油到同样的速度耗的油要多些。

❹ 需要热车时采用慢行的方法，不要原地热车。变速箱，传动机构也需要热，原地是热不了这些部位的。

❺ 换挡时机要合适。不论加挡还是减挡，速度合适时换挡不会发生冲闯现象或快被憋熄火的现象，既节油又平稳。速度合适时换挡前后发动机的声音都是轻快柔和的。

❻ 按说明书上的经济车速驾驶。

3

行车时的观察、判断与选择技巧

集中注意力观察,但并不是说只盯住某些目标观察,驾驶中需要观察的是一个"立体空间",要自然地、不断扫视或通过后视镜观察这个空间范围,如图3-1所示。

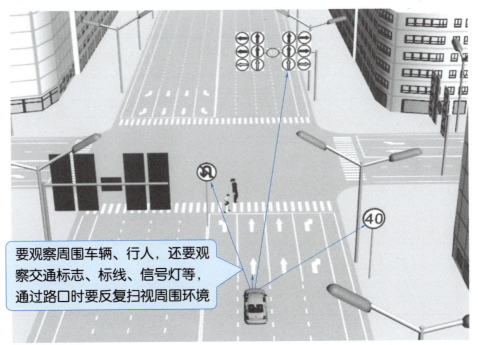

要观察周围车辆、行人,还要观察交通标志、标线、信号灯等,通过路口时要反复扫视周围环境

图3-1 行车时的观察技巧

3.1 常见的盲区

常见的盲区大致可分为五种,如图3-2所示。

(a) 大型车辆遮挡产生的盲区

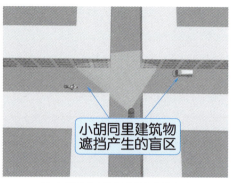
(b) 小胡同里建筑物遮挡产生的盲区

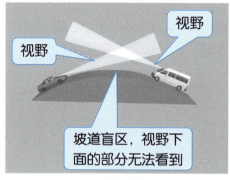
(c) 坡道盲区

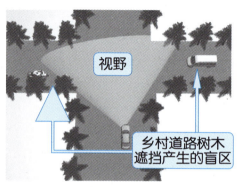
(d) 乡村道路树木遮挡产生的盲区

(e) 盘山路山体遮挡产生的盲区

图 3-2　常见的盲区

3.2 后视镜产生的盲区

后视镜也有盲区，如图3-3所示。

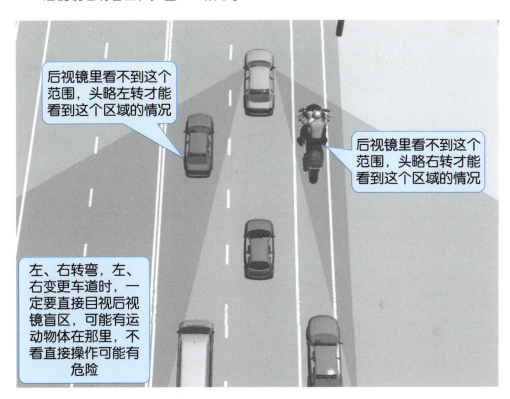

图3-3 后视镜产生的盲区

3.3 一般道路行驶时如何正确判断车距

由于车头、驾驶室的遮挡，车体在它的四周也会产生盲区。如图3-4所示。

自己的车头遮挡前车尾部的高度越高，车距越近。跟在大型车辆（如货车）的后面，千万不能以遮住后轮的高度来判断，如果这样可能会钻到前车车厢底下去。

对一般的长头小型汽车来说，被车头遮住的高度每增加约15厘米时，车距会缩短约1米。

一般道路行驶时判断车距的方法可分为以下两种情况。

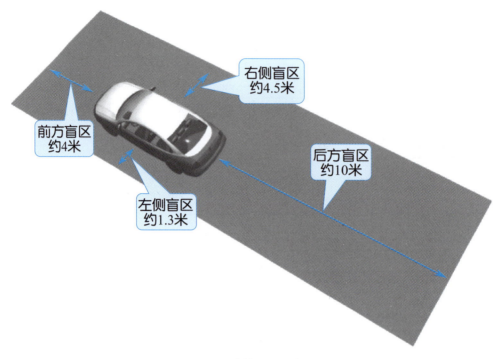

图3-4 车体四周的盲区

（1）两车前后距离的判断

两车前后距离的判断方法如图3-5～图3-7所示。

(a) 目测距离

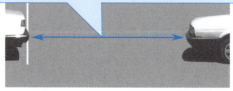

两车实际上相距4米左右，就是盲区的长度，与驾驶员的身高有关，其实就是与驾驶员的眼睛的高度有关，但差别不大。通过调整座椅的前后、高低，不同身高的人可以有一样的盲区长度。驾驶中判断车距只要确保安全即可，不必特别精确

(b) 实际距离

图3-5 与前车距离4米左右

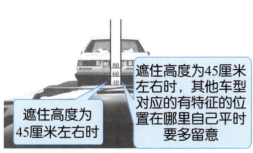
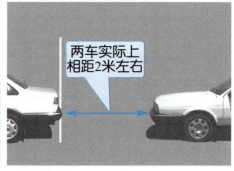

(a) 目测距离　　　　　　　　　　　(b) 实际距离

图 3-6　与前车距离 2 米左右

(a) 目测距离　　　　　　　　　　　(b) 实际距离

图 3-7　与前车距离 0.7 米左右

（2）两车左右距离的判断

两车左右距离的判断方法如图 3-8～图 3-11 所示。

(a) 目测距离　　　　　　　　　　　(b) 实际距离

图 3-8　与右车距离 4.5 米左右

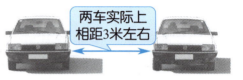

(a) 目测距离　　　　　　　　　　(b) 实际距离

图3-9　与右车距离3米左右

(a) 目测距离　　　　　　　　　　(b) 实际距离

图3-10　与右车距离2米左右

(a) 目测距离　　　　　　　　　　(b) 实际距离

图3-11　与右车距离0.5米左右

3.4 高速行驶时如何正确判断车距

缓慢行驶、近距离跟车或停车入位时可以按前面介绍的方法判断车距，高速行驶时就没有必要了，因为安全距离要求在几十甚至上百米。高速行驶只要判断车在车道中央行驶即可，目光必须看远处，附近的情况只能用余光观察。只看近处方向极易发生偏离，很危险！

高速行驶判断车辆横向位置有以下两种方法。

❶ 向前看远处，视线与左车道线相距1米左右，车基本上在道路中间行驶。如图3-12所示。

❷ 余光看到左车道线在挡风玻璃左下角时，车基本上在道路中间行驶。如图3-13所示。

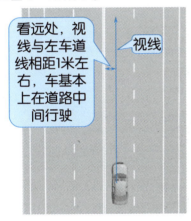

图3-12 高速行驶判断车辆横向位置方法Ⅰ　　图3-13 高速行驶判断车辆横向位置方法Ⅱ

不同的车略有差别，不同的人看到的位置也略有差别，可通过看后视镜中车尾的位置把车"摆在"路中间，然后确定你看到的左框与左车道线相交的位置，以后用余光直接判断即可。

3.5 不同行驶状态下的观察要领

3.5.1 直行

直行时的观察要领如图3-14所示。

图3-14 直行时的观察要领

3.5.2 直行通过路口

直行通过路口时的观察要领如图3-15所示。

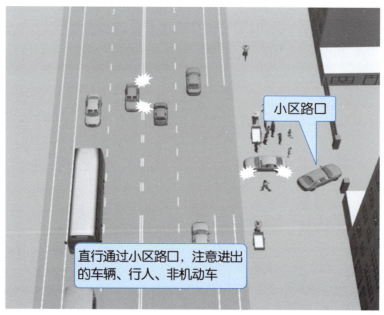

(a) 直行通过小区路口

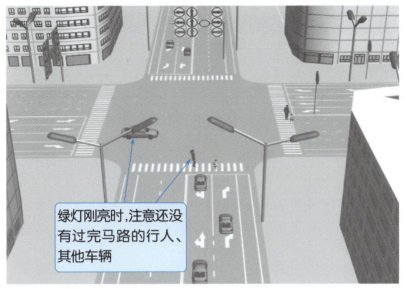

(b) 直行通过十字路口

图3-15　直行通过路口时的观察要领

3.5.3　左右转弯

左右转弯时的观察要领如图3-16所示。

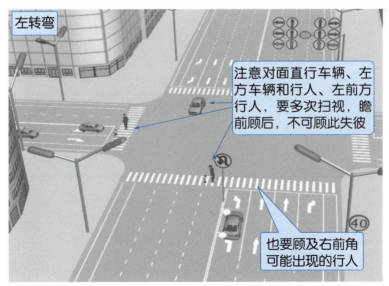

(a) 左转弯

图3-16

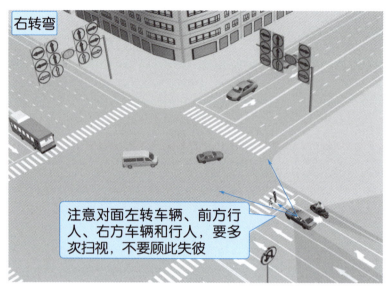

(b) 右转弯

图 3-16　左右转弯时的观察要领

3.5.4　变更车道

变更车道时的观察要领如图 3-17 所示。

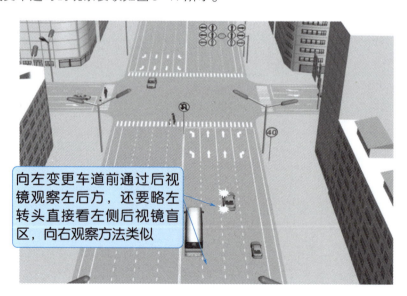

图 3-17　变更车道时的观察要领

3.5.5 掉头

掉头时的观察要领如图3-18所示。

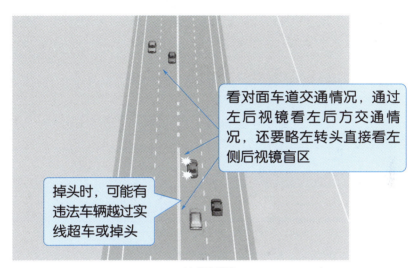

(a) 复杂道路

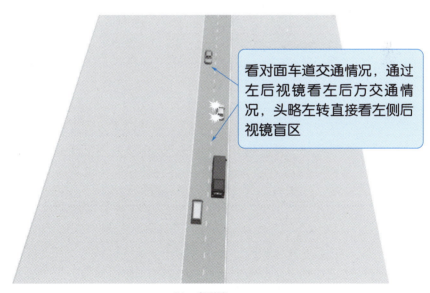

(b) 一般道路

图3-18 掉头时的观察要领

3.5.6 弯道行驶

弯道行驶时的观察要领如图3-19所示。

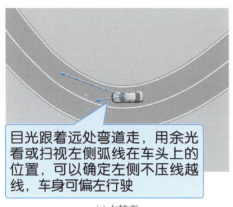
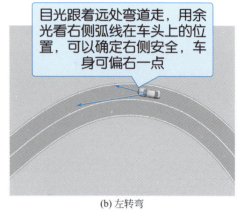

(a) 右转弯　　　　　　　　　　　　　　(b) 左转弯

图3-19　弯道行驶时的观察要领

3.6 不同道路行驶时的位置判断和行进路线选择

3.6.1 路面停车

高速行驶时判断横向位置，只要求大致确定在路面中间行驶即可。这里讲的是慢速通行，要求对横向位置判断比较精确时确定横向位置的方法。比如公路掉头前、停车入位前，都要求车身右侧离路边、车位边线有一定的比较精确的距离，误差过大将导致后面的操作困难。这里以路面停车为例作简要介绍，如图3-20～图3-22所示。

从图3-20～图3-22可以看出，车身右侧离路边线越远，在车头上的交线也就越靠右。对一般小车来说，当道路的右边线和车头中间相交时，右轮基本上就压在右边线上了。

有个近似规律，在车上看路的右边线和车头的交点每向右移动一段距离，如5厘米，则车身右侧和道路右边线的距离将增加约3倍，即15厘米。

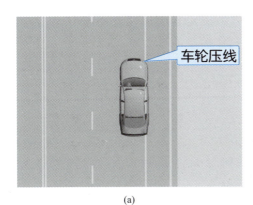

(a)   (b)

图3-20　车轮压线（不正确）

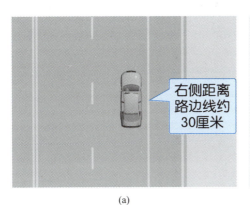

(a)   (b)

图3-21　合适距离（正确）

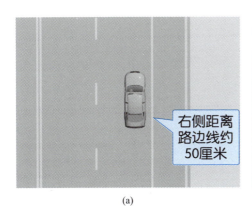

(a)   (b)

图3-22　距离太远（不正确）

3.6.2 弯道通行

弯道通行时,当车身与右侧道路边线的距离加大时,弯曲道路边线、直线道路边线和发动机盖上的交点都在右移。为便于比较说明,图3-23～图3-25给出了不同距离时车内观察点位置的变化情况。

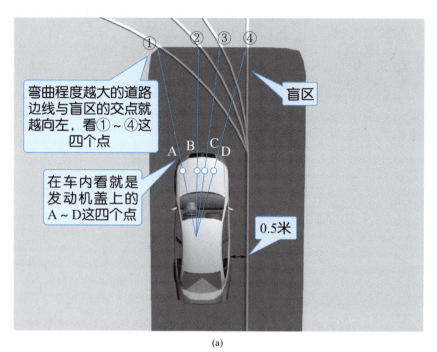

(a)

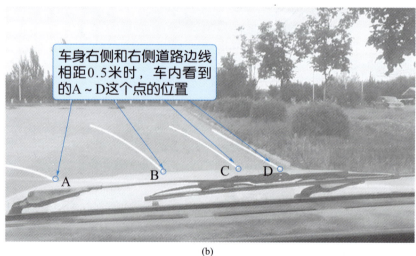

(b)

图3-23 车身右侧和右侧道路边线相距0.5米时的情况

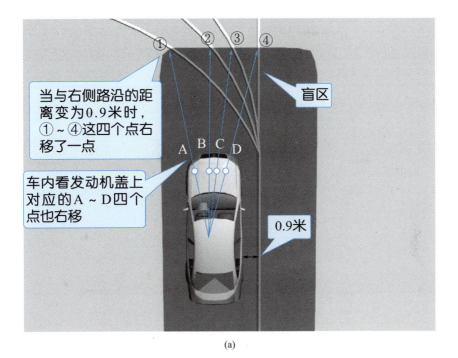

(a)

(b)

图3-24 车身右侧和右侧道路边线相距0.9米时的情况

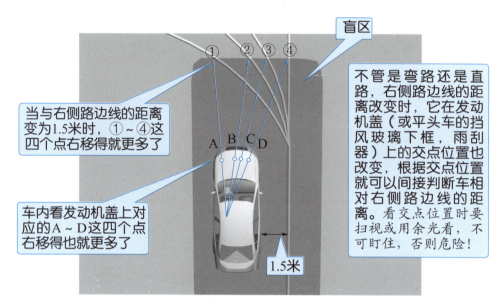

图3-25 车身右侧和右侧道路边线相距1.5米时的情况

3.6.3 通过狭窄拐角

通过狭窄拐角时的位置判断方法及路线选择要领如图3-26所示。

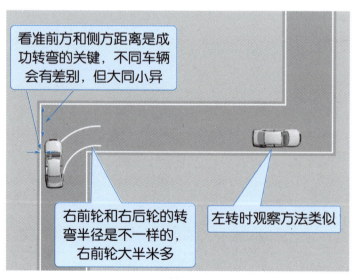

(a)

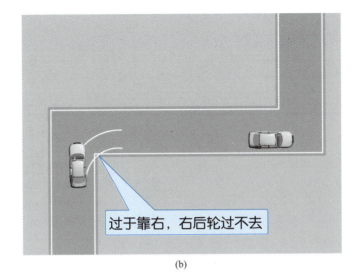

(b)

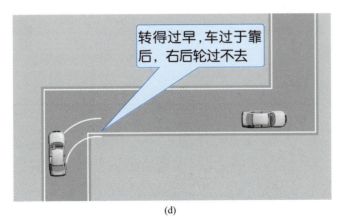

(c)

(d)

图3-26 通过狭窄拐角时的行驶要领

3.6.4 无中心线、路幅狭窄的道路

无中心线、路幅狭窄的道路,行车时的位置判断方法及路线选择要领如图3-27和图3-28所示。

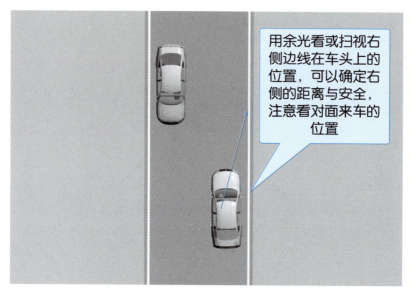

图3-27 对面有来车时稍靠右行驶

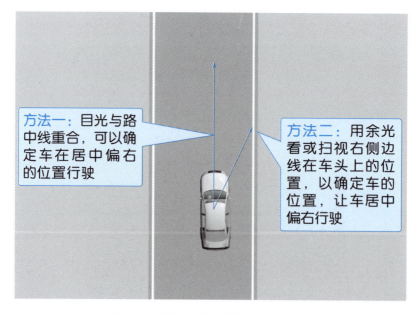

图3-28 对面无来车时居中偏右行驶

3.6.5 有中心线（虚线）、单向一个车道的道路

有中心线（虚线）、单向一个车道的道路，行车时的位置判断方法及路线选择技巧如图3-29所示。

图3-29 有中心线（虚线）、单向一个车道时的行车要领

3.6.6 有中心线（实线）、多车道的道路

有中心线（实线）、多车道的道路，行车时的位置判断方法及路线选择技巧如图3-30所示。

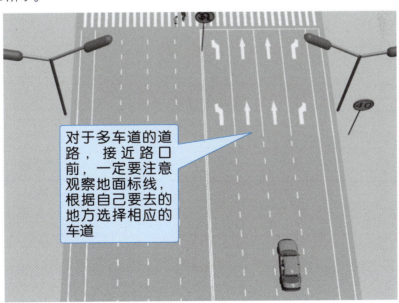

图3-30 有中心线（实线）、多车道时的行车要领

3.7 行驶路面的选择及路面颜色与路面状况的关系

（1）行驶路面的选择

出入小区，通过有下水井的路面、坑洼路、乡间道路、积水路、积雪路、施工路段等，都要适当慢行，在仔细观察的基础上选择合适的行驶路线。

（2）路面颜色与路面状况的关系

柏油路、砂石路、土路、积水路、戈壁路、盐碱路、雨后表面干燥的盐碱路、沼泽路，不同道路表面的颜色和亮度是不一样的。结有薄冰的路，路中的坑洞处，失去井盖的下水井口，被挖断或大水冲断处等，颜色、亮度和正常路面也都不一样。如图3-31所示。

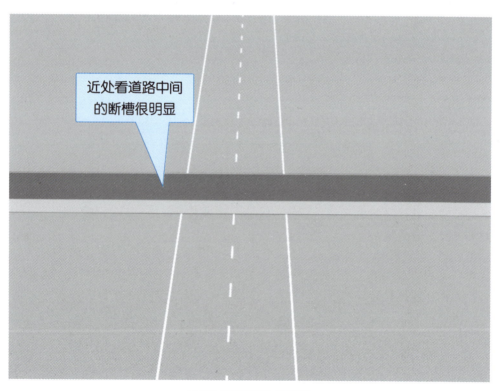

(a) 近处看到的道路中间断槽

(b) 远处看到的道路中间断槽

图3-31 远近不同观察到的道路断槽对比

所以，在正常行驶的过程中，不论白天还是黑夜，如果发现前方路面颜色与通常路面颜色不同，说明路面状况发生了变化，要立即降低车速，仔细观察，可看同方向车辆驶过的情况，必要时可以停车下来观察，以免发生意外。

20世纪70年代，新疆马纳丝县的洪水冲断了路面，断裂带又宽又深，夜间有一司机看到前方路面有一条黑线，未采取任何措施，到跟前发现断裂带时，刹车为时已晚，造成了车毁人亡的事故。其他发现黑线及时降速的司机，确认有断裂后都采取了绕行措施，安然无恙。

类似的，九江大桥断桥事件中，有个幸存车主，发现前方路面颜色突然变化，立即紧急刹车，避免了灾难。另一个幸存车主上桥后车速很慢，有一辆车超过它时，本来亮着的尾灯消失不见了，他立即停车，也避免了灾难。

所以行车安全，需要最大限度地调动驾驶者的五官，尤其是眼睛。一个安全的司机必须"眼观六路"。行人横穿马路、车与车碰撞前，路面有异常时，都会有先兆。

注意：老手和新手的最大区别，不在于开得有多快，而在于如何看懂先兆并提前做好应对准备。

4 城乡道路驾驶技巧

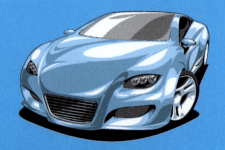

4.1 城乡道路的特点

4.1.1 城市道路

城市道路的特点如图4-1所示。

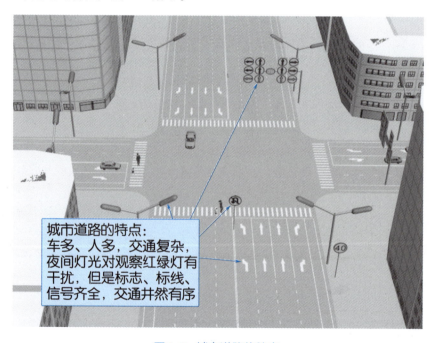

城市道路的特点：车多、人多，交通复杂，夜间灯光对观察红绿灯有干扰，但是标志、标线、信号齐全，交通井然有序。

图4-1 城市道路的特点

4.1.2 乡村道路

乡村道路的特点如图4-2所示。

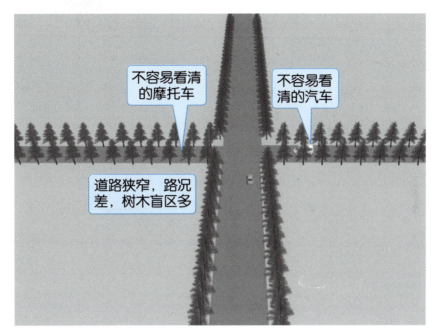

图4-2 乡村道路的特点

4.2 驾驶技巧

4.2.1 汇入车流

下面以出小区为例，说明汇入车流的方法。左转汇入车流的方法如图4-3所示。右转汇入车流的方法如图4-4所示。

汇入车流

4.2.2 控制车速

调整车速范围不大时，只需通过控制油门来完成。速度改变较大时应换挡。换挡时机的确定方法见2.7。

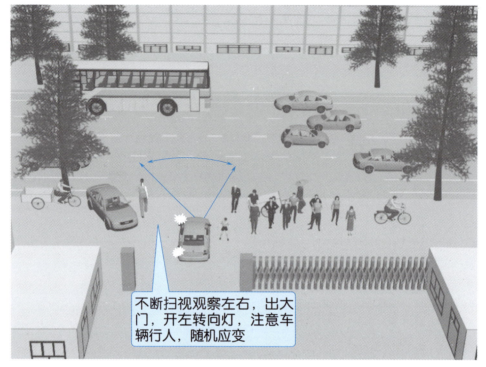

(a)

(b)

(c)

图4-3 左转汇入车流

(a)

图4-4

(b)

图4-4 右转汇入车流

一般情况下控制车速的方法如下。

❶ 在拥挤的城市道路上,以下情况往往需要踩刹车。如图4-5所示。

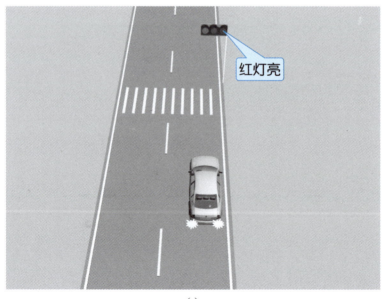

(a)

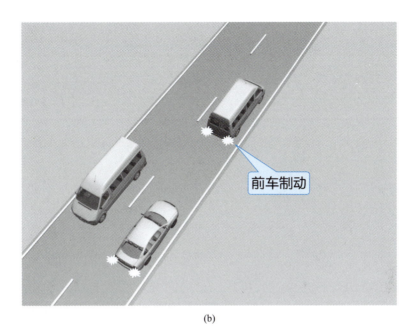

(b)

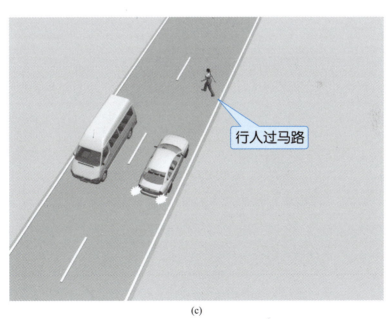

(c)

图4-5 低速行驶时需及时踩刹车的情况

遇以上这些情况需要将车速降得较低时,没有ABS的车辆,可按图4-6所示的方法控制车速。

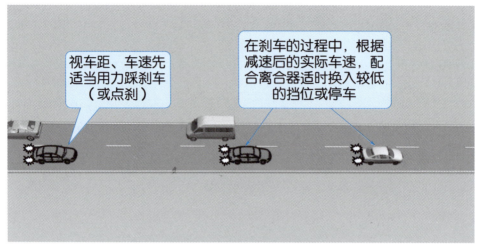

图4-6 无ABS的车辆控制车速的方法

❷ 中低速行驶遇紧急情况时也需要紧急制动,紧急制动方法如图4-7所示。该方法对装备ABS系统的车辆和没有装备ABS系统的车辆都是适用的。

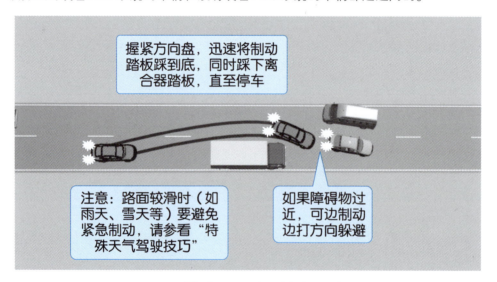

图4-7 车辆中低速行驶时的紧急制动方法

❸ 没有装备ABS系统的车辆高速行驶时(车速高于60km/h)应采用图4-8所示的方法制动。

行车中使用行车制动器有以下注意事项。

❶ 对于没有装备ABS系统的车辆,点刹(反复踩一下松一下)在任何时候都能使用,只是不同情况下"点"的力量和频率不同而已。车速快可"点"得重些、

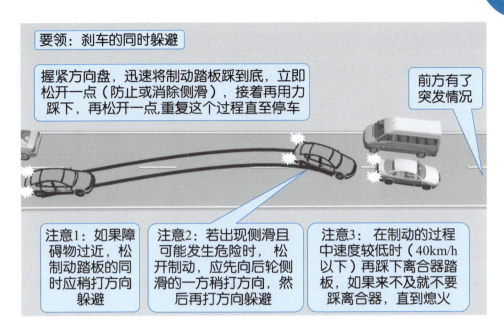

图4-8 无ABS系统的车辆高速行驶时的紧急制动方法

频率高些，车速慢可"点"得轻些、频率低些。若是装备ABS系统的车辆遇到紧急情况时必须一次性用力把刹车踩到底，而且不要松开，同时注意控制好方向，千万别用点刹，否则ABS不仅不发挥作用，还容易发生危险。一般情况下视车速车距适当用力踩住制动踏板不放松或点刹即可。装备ABS系统的车辆制动时会发出正常的噪声且制动踏板踩不下去还会振颤，这都是正常的，不必害怕。操纵装有ABS系统的车辆不要随意急转弯、快速变道、猛打方向、反复制动，否则会发生危险。

> 注意：ABS系统的主要作用是防止车轮在急刹车时抱死或打滑，它不能缩短制动距离。而且装备ABS的车辆在松软或者凹凸不平的路面（如土、砂、积雪路面）上制动距离有可能比没有ABS的车辆更长。所以不管驾驶什么样的车辆，都必须与其他车辆保持足够的安全车距。

❷ 要尽量避免紧急制动。紧急制动易造成后车追尾，可能引起连锁反应导致塞车。路滑、高速行驶（速度在60km/h及以上）时还易引起侧滑或甩尾，所以要提前做好预防，应尽量避免紧急制动。

> 注意：尽量避免急刹车的方法：准确观察并预见交通流下一时刻的状态，提前做好思想准备（不是提前做动作），该慢的时候一定要慢，该快的时候一定要快，根据道路状况（交通流的状况，路面摩擦力等）保持相应的安全跟车距离，可以最大限度地避免急刹车。比如过路口前，要提前减速并观察其他交通参与者的行驶动态，有盲区时应想到可能有人或车或其他物体出现，雨雪天适当增加跟车距离，一定要慢行，从而给刹车或避让留下充足的时间或空间，这样遇情况时自然就会从容不迫了。

❸ 请牢记：遇紧急情况时应先制动后打方向（躲避）。

❹ 进入弯道前要提前制动，使车速降至安全速度以下，不要在转弯时制动，以免发生侧滑驶出路面，必须制动时只能轻踩制动踏板或使用点刹。

❺ 除急刹车外平时也要注意练习踩刹车的力度。理想的刹车力度是由轻变重，然后由重变轻，反复进行，到达目标前逐渐减轻踩踏，待车辆停止的瞬间，让刹车力度刚好变为零，停的瞬间再立即踩下。上下坡停车应在车辆停稳的瞬间立即踩死刹车。

跟车

4.2.3 跟车

跟车时的观察方法如图4-9所示。跟车距离如图4-10所示。

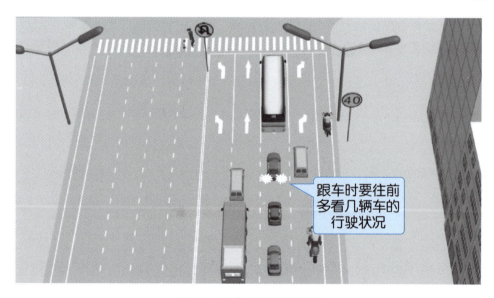

图4-9 跟车时的观察要领

根据车速保持足够的车距,车速越快车距应越大。缓慢行驶保持5米左右的车距即可

(a)

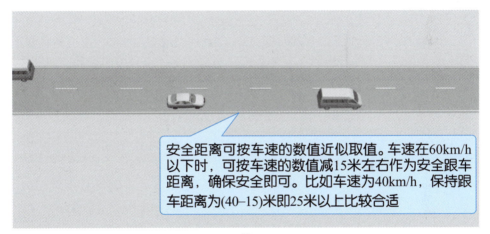

安全距离可按车速的数值近似取值。车速在60km/h以下时,可按车速的数值减15米左右作为安全跟车距离,确保安全即可。比如车速为40km/h,保持跟车距离为(40-15)米即25米以上比较合适

(b)

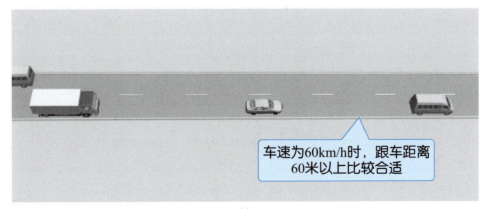

车速为60km/h时,跟车距离60米以上比较合适

(c)

图4-10

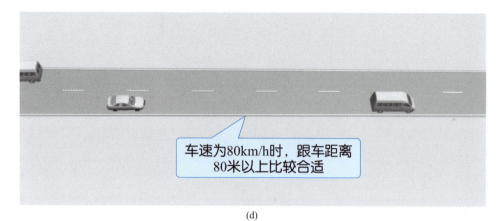

(d)

图4-10 跟车距离

跟车速度如图4-11所示。跟在大型货车、公交车、出租车之后应注意的问题如图4-12～图4-14所示。跟车时的横向安全距离如图4-15所示。

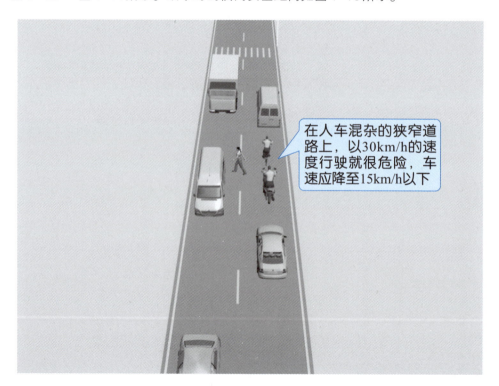

图4-11 跟车速度

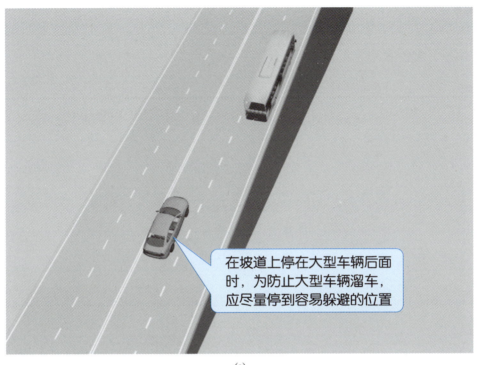

(a)

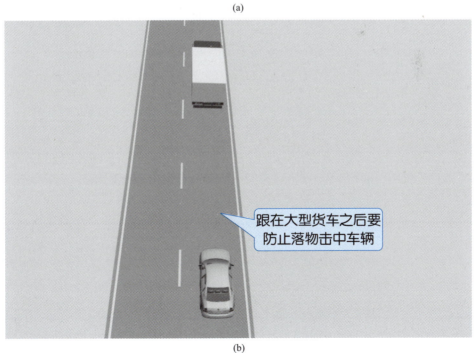

(b)

图4-12　跟在大型货车后应注意的问题

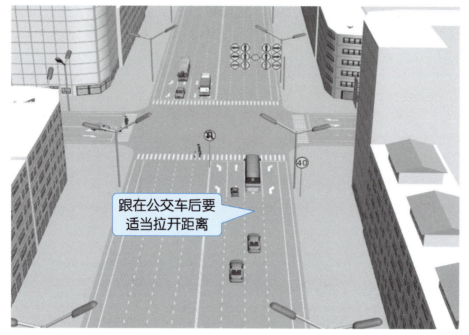

图4-13 跟在公交车后应注意的问题

图 4-14 跟在出租车后应注意的问题

(a)

图 4-15

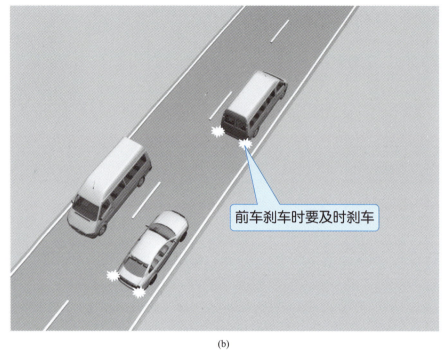

(b)

(c)

图4-15 跟车时的横向安全距离

4.2.4 会车

会车地点的选择方法如图4-16所示，与大型车会车及在人车混行道路上会车应注意的问题如图4-17和图4-18所示。

会车

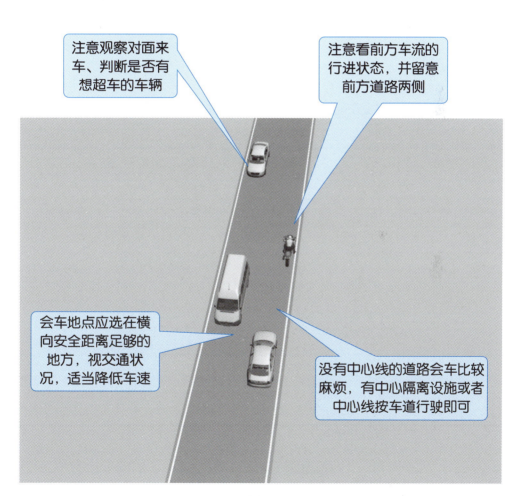

注意观察对面来车、判断是否有想超车的车辆

注意看前方车流的行进状态，并留意前方道路两侧

会车地点应选在横向安全距离足够的地方，视交通状况，适当降低车速

没有中心线的道路会车比较麻烦，有中心隔离设施或者中心线按车道行驶即可

图4-16 会车地点的选择

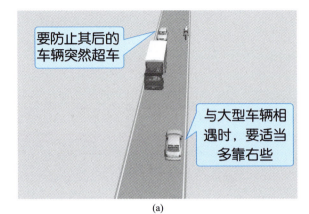

图 4-17 与大型车会车时应注意的问题

(a)

(b)

图 4-18　人车混行道路上会车时应注意的问题

4.2.5　超车与让超车

在城市道路上，作为新手，应以跟车为主，一般不要超车，除非超车条件特别好。

超车与让超车

一般公路上的超车方法和步骤如图4-19所示。

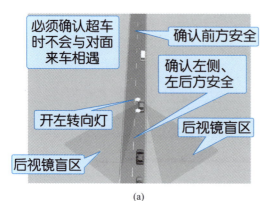

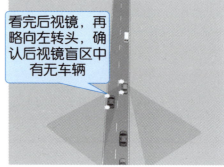

图4-19 超车的方法和步骤

超车时应注意以下几个问题,如图4-20所示。

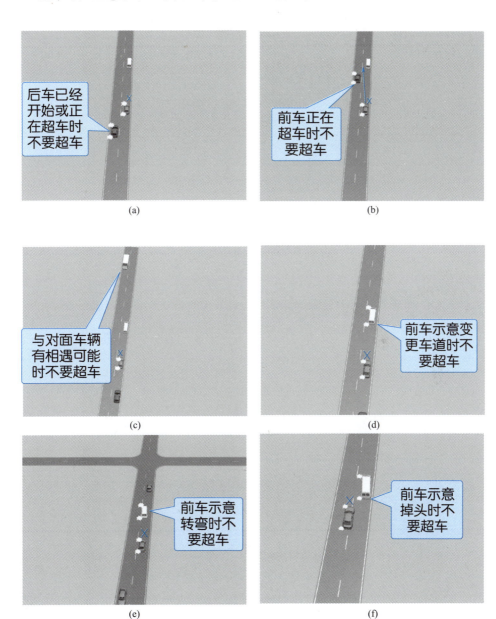

图4-20 超车时应注意的问题

让超车的方法如图4-21所示。

遇大型车辆超车或路面狭窄时有车示意超车，可减速开右转向灯靠边让超车

图4-21　让超车的方法

4.2.6　变道

变道

以向左侧车道变道为例进行说明，如图4-22所示。图4-23给出了连续变道的时机和变道方法。

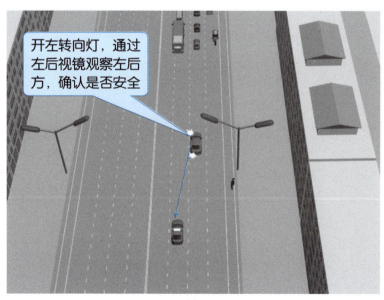

开左转向灯，通过左后视镜观察左后方，确认是否安全

(a)

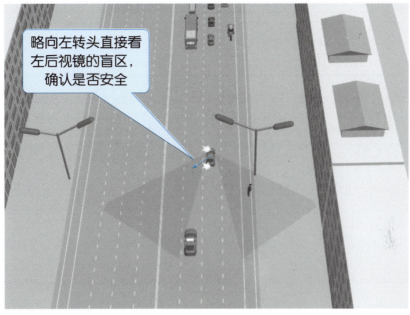

图 4-22　向左侧车道变道的方法

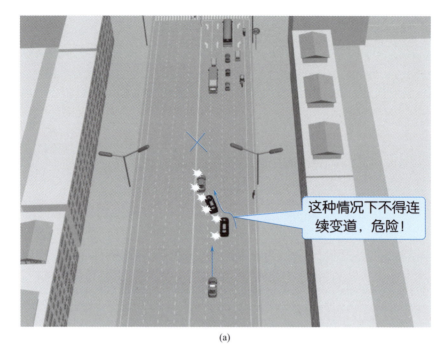

图4-23 连续变道的时机和变道方法

4.2.7　交叉路口行驶

通过交叉路口时的一般注意事项如图4-24所示。

图4-24　通过交叉路口时的一般注意事项

（1）有信号灯控制的交叉路口

❶ 直行

直行通过有信号灯控制的交叉路口应注意的问题如图4-25所示。

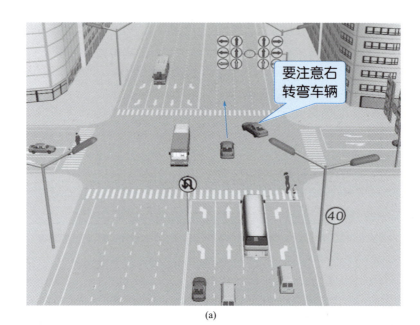

(a)

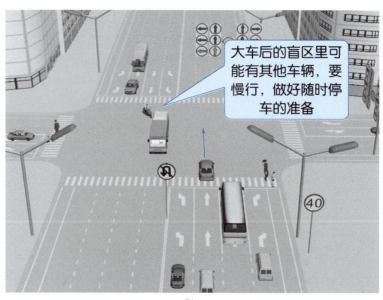

(b)

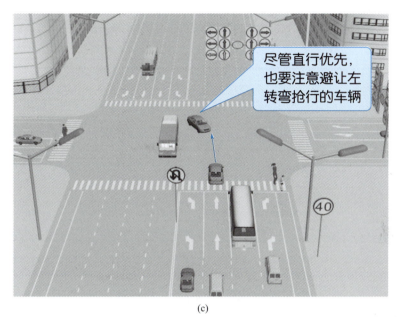

(c)

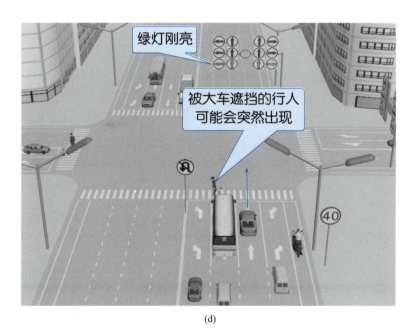

(d)

图4-25 直行通过有信号灯控制的交叉路口

❷ 右转弯

如果有右转弯车道信号灯,则应按车道信号灯的控制进行右转。

没有右转弯车道信号灯控制的路口,绿灯、红灯都可以右转。下面分别介绍绿灯亮时和红灯亮时的右转方法。

- 绿灯亮时的右转方法如图4-26所示。
- 红灯亮时的右转方法如图4-27所示。

❸ 左转弯

无论有没有车道信号灯的控制,只有绿灯亮时才能左转弯。左转弯的方法和步骤如图4-28所示。

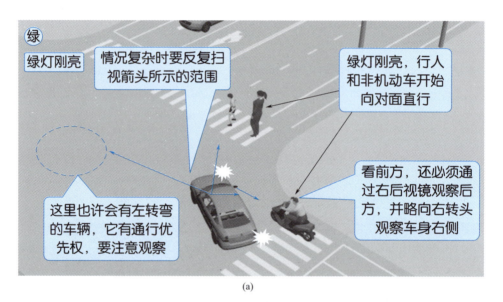

(a)

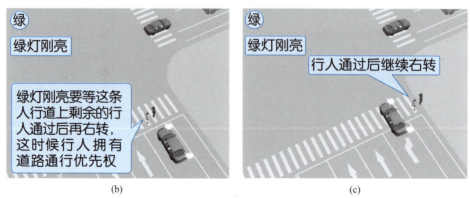

(b)   (c)

图4-26 绿灯亮时的右转方法

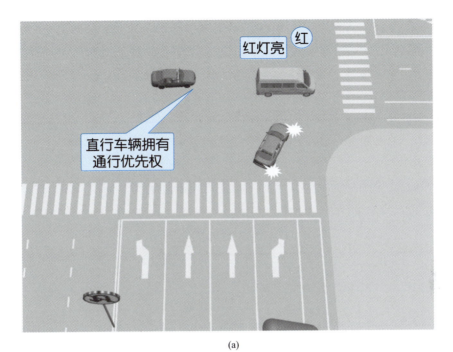

(a)

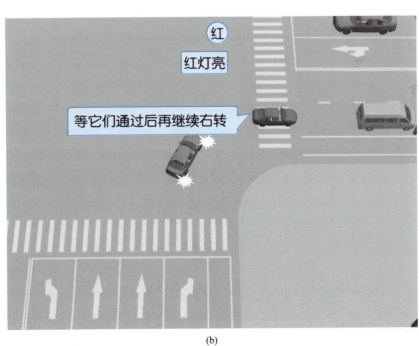

(b)

图 4-27

(c)

图4-27 红灯亮时的右转方法

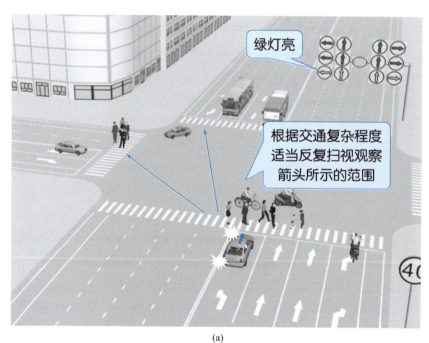

(a)

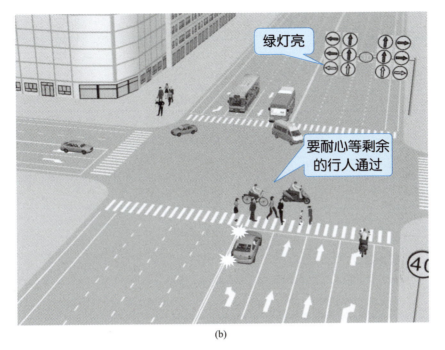

(b)

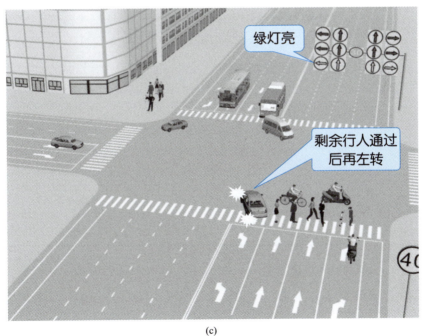

(c)

图 4-28

(d)

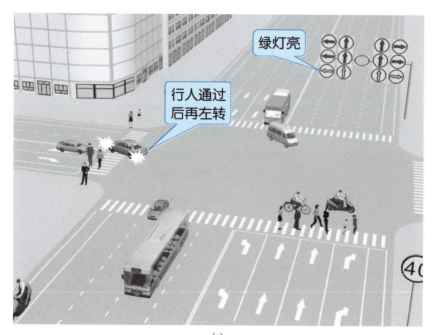

(e)

(f)

(g)

图 4-28

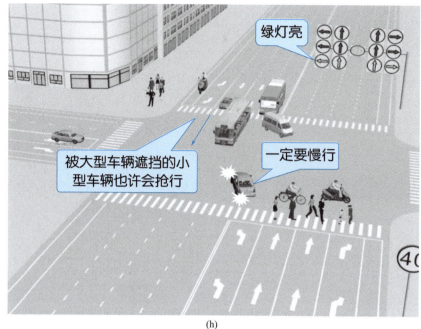

(h)

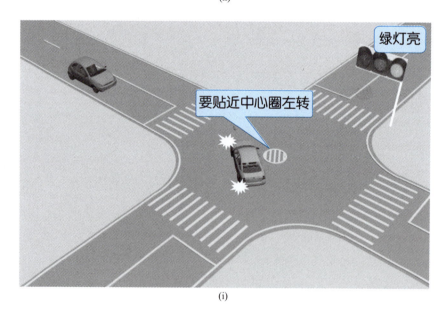

(i)

图4-28 左转弯的方法和步骤

如果有车道信号灯控制,即使分配了专门的左转弯通行时间,也要仔细观察,不要因"其他方向一定不会有其他人通过"的想法而疏于观察,一旦有违法车辆、行人通过,可能会酿成恶果。

④ 预测信号灯

预测信号灯的方法和注意事项如图4-29所示。

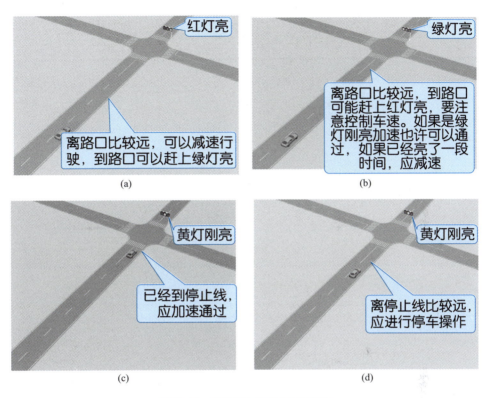

图4-29 预测信号灯通行的方法

⑤ 过路口还需要注意的其他问题

● 遇到堵车　如图4-30所示。

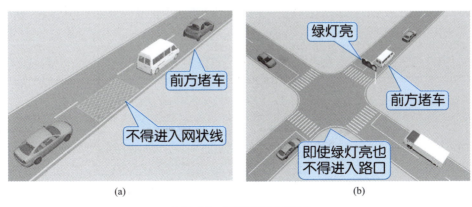

图4-30 遇到堵车的情况

- 复杂路口　如图4-31所示。

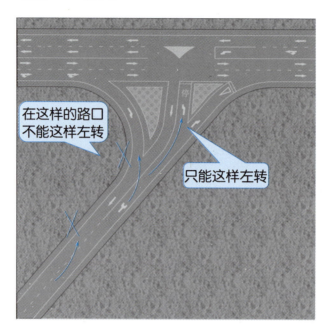

图4-31　通过复杂路口的方法

（2）无信号灯控制的交叉路口

通过无信号灯控制路口的观察方法如图4-32所示，右转弯方法如图4-33所示。

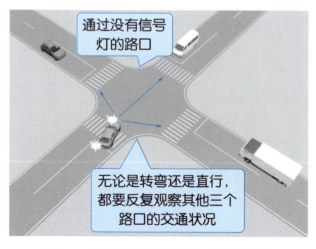

图4-32　通过无信号灯控制路口的观察方法

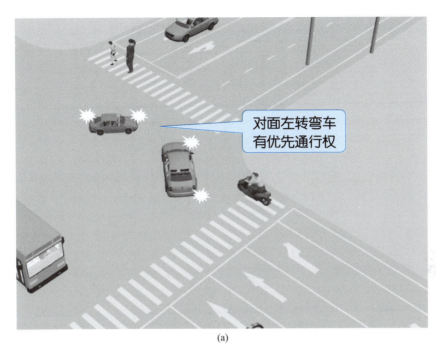

(a)

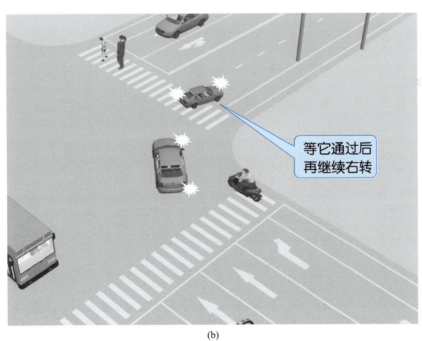

(b)

图4-33 在无信号灯控制路口右转弯的方法

4.2.8 倒车

> 注意：不同的身高，同一人不同的坐姿观察到的位置都会有差别，这里只是示范方法，不要照搬，可结合自身情况作适当调整。

看后视镜确定车尾位置的方法和步骤如图4-34所示。

(a)

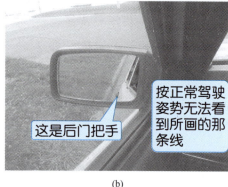
(b)

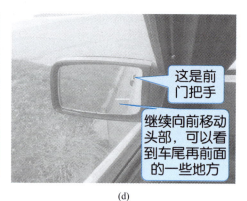
(d)

图4-34　看后视镜确定车尾位置的方法和步骤

如果在后视镜里看不到白线，可以适当调整后视镜，直到看到后方的白线为止。

倒车方法大致可分为三种：看后车窗倒车、伸出头看左后方倒车和看后视镜倒车。

倒车时应挂倒挡，配合半联动以控制车速，车速不要超过5km/h。

（1）直线倒车

直线倒车方法如图4-35所示。

看后车窗倒车时，为了保证沿直线后倒，注视后车窗倒车时要选好后方的参照点。如路沿、路面实线、虚线等和后挡风玻璃下边的交点。在其他情况下，车库门边框、路边树木等都可选作参照物，以方便、安全为选取原则。

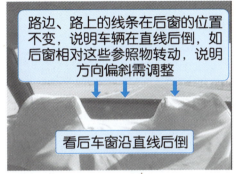

(a) 看后车窗倒车

(b) 伸出头看左后方倒车

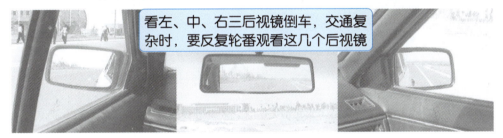

(c) 看后视镜倒车

图4-35 直线倒车方法

注意：当路上的线条、路边沿和车身平行时，在左或右后视镜中看到的影像并不平行，而是车身前面的路面略宽，车尾的路面略窄，如图4-36所示。后倒时，如果车身相对它们不旋转，说明车身和它们是平行的。

图4-36 后视镜中看到的影像

（2）右转弯倒车

右转弯倒车的方法及正误对比如图4-37所示。

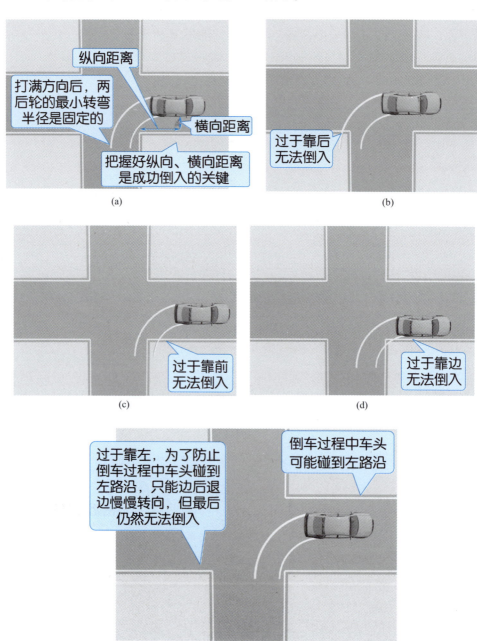

图4-37 右转弯倒车方法及正误对比

后视镜只能看到后方景物中很窄的一部分，在转弯倒车的过程中后视镜中的景物也在不停地变化，容易看错，因此必须仔细观察，弄不清是地面的什么位置时要立即停车，不要乱打方向，盲目后倒，以免发生事故。

图4-38所示是右转弯倒入路口时观察后视镜中景物变化的实例。

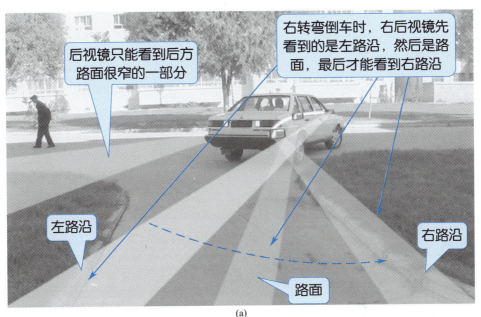

(a)

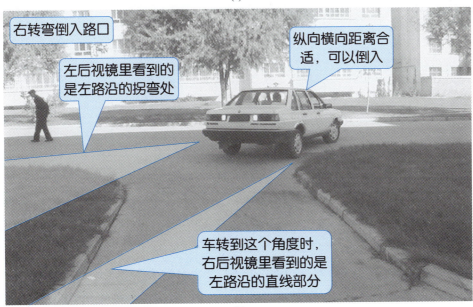

(b)

图4-38

在上图的位置时，右后视镜里看到的是左路沿

(c)

左后视镜里看到的是左路沿的拐弯处

(d)

内后视镜是看不到左路沿的

(e)

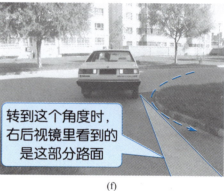

转到这个角度时，右后视镜里看到的是这部分路面

(f)

图4-38　右转弯倒入路口时的观察要领

（3）左转弯倒车

左转弯倒车的方法及观察要领如图4-39所示。

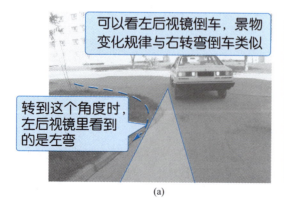

可以看左后视镜倒车，景物变化规律与右转弯倒车类似

转到这个角度时，左后视镜里看到的是左弯

(a)

左后视镜里看到的是左弯

(b)

(c)

图 4-39　左转弯倒车方法及观察要领

当在左后视镜中看到左路沿相对于车身的位置后面略宽前面略窄时，就应回方向；当前面略宽后面略窄时，稳住方向。如果车尾相对左路沿不再转动，说明已在直线后倒；若旋转，可转动方向盘调整方向，要少打少回。

看后视镜倒车，情况复杂时要反复看左、内、右三后视镜。倒车时应该注意的其他情况如图 4-40 所示。

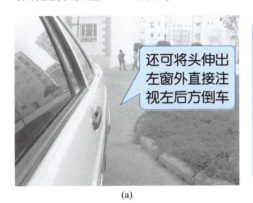

(a)　　　　　　　　　　　　　(b)

图 4-40　倒车时应注意的其他情况

4.2.9　公路掉头

在宽阔路段掉头的方法如图 4-41 所示。

道路宽度过窄时，可通过多次前进和后退的方法完成掉头。

狭窄公路掉头中进退时判断车轮既靠近路边又不驶出路面是减少进退次数的关键。对一般小型车辆来说，双车道公路，两进一退就可以完成掉头。

公路掉头

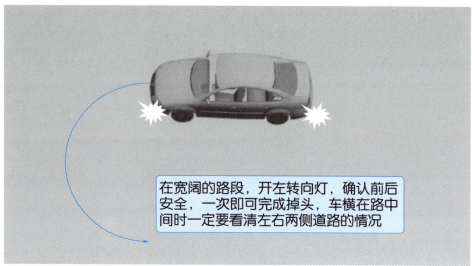

图4-41　宽阔路段的掉头方法

下面是通过三进二退完成6米窄路掉头的方法和步骤。如图4-42所示［如有倒车可视系统，只需按图4-42（a）～（f）所示步骤进行，再借助倒车可视系统确定车尾位置即可顺利完成掉头操作］。

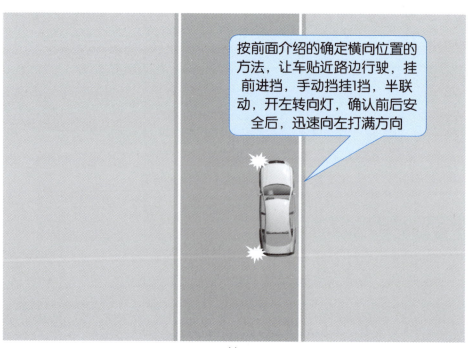

(a)

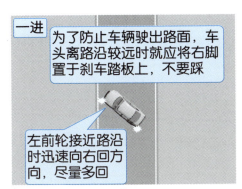
(b)

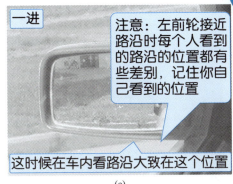
(c)

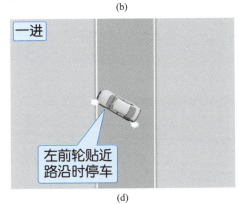
(d)

(e)

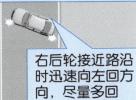

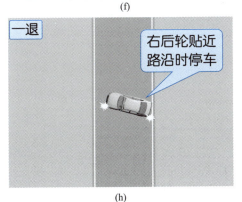
(f)

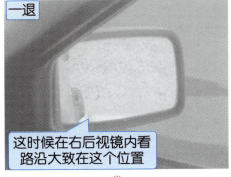
(g)

(h)

(i)

图 4-42

二进

挂前进挡,手动挡挂1挡,半联动,开左转向灯,确认道路左右侧安全后,迅速向左打满方向,右前轮接近路沿时迅速向右回方向

(j)

二进

注意:右前轮接近路沿时每个人看到的路沿的位置都有些差别,记住你自己看到的位置

这时候在车内看路沿大致在这个位置

(k)

二进

右前轮贴近路沿时停车

(l)

二进

这时候在车内看路沿大致在这个位置

(m)

二退

挂倒挡,手动挡半联动,起步后迅速向右打满方向,左后轮接近路沿时迅速向左回方向

(n)

二退

注意:左后轮接近路沿时每个人在左后视镜内看到的路沿的位置都有些差别,记住你自己看到的位置

这时候在左后视镜内看路沿大致在这个位置

(o)

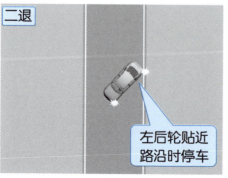

二退

左后轮贴近路沿时停车

(p)

二退

这时候在左后视镜内看路沿大致在这个位置

(q)

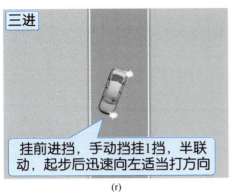
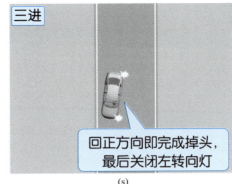

图4-42 三进二退完成6米窄路掉头的方法和步骤

4.2.10 坡道通行

（1）坡道起步

❶ 上坡起步操作顺序
- 踏下离合器踏板；
- 挂1挡；
- 开左转向灯；
- 看前方和三后视镜；
- 松离合器至半联动，快要熄火时稳住，松手刹，车是不会溜的（坡度过大时为防止熄火，到半联动稳住离合器时可立即边加油边松手刹），根据坡度适当加油；
- 起步后完全松开离合器踏板；
- 起步后关左转向灯。

踏下离合器踏板、制动踏板临时停车后，向上坡方向起步或倒车起步，不用手刹的方法：松离合器至半联动，快要熄火时稳住，松制动踏板，车是不会溜的，将右脚移到油门踏板上，根据坡度适当加油，起步后完全松开离合器踏板。

❷ 下坡起步按平路起步的操作顺序进行
- 踏下离合器踏板；
- 挂1挡；
- 开左转向灯；
- 看前方和三后视镜；
- 松离合器至半联动，根据坡度，不加油或适当加油；
- 松手刹，完全松开离合器踏板；
- 起步后关左转向灯。

图4-43 下坡起步

如图4-43所示，下坡时，汽车有下滑的趋势，所以下坡起步时还应注意以下几点。

- 视坡度的大小，挂入合适的挡位进行起步，坡度小挂低速挡，坡度大挂中速挡，严禁空挡滑车起步。
- 下坡起步时，松开手刹后车辆就会下溜自动起步，所以松抬离合器踏板可稍快且平稳，油门不可太大，有时可以不加油。
- 如需控制车速，可适当踩刹车。如果需要以很慢的速度行车，如通过地下停车场的入口通道时，可将离合器踩到底，只用行车制动器控制行车速度，这时候半联动无法实现很慢速度的控制，快到坡底时再慢慢放松离合器至半联动，然后视车速减轻踩制动踏板的力量，到平路上再彻底松开制动踏板，靠半联动控制行车速度。

❸ 坡道行车注意事项
- 在坡道转弯处要减速鸣喇叭，靠右行驶。
- 下坡不能熄火或空挡滑行。
- 不要跟车太近。上坡时跟车距离要适当加大，下坡应更大些。
- 在下坡路的尽头如有桥梁应提前降低车速，平稳通过。

（2）坡道换挡（上下坡加减挡）

坡道换挡操作与平路换挡操作步骤一样，只是在换挡时机的把握、机件操作与配合、换挡速度上要求更高而已，所以最好在平路换挡熟练的基础上进行这些训练。尽量不要在坡道上换挡，尤其是不熟练时。

❶ 上坡加挡。实际驾驶中要尽量避免上坡时换挡，应提前换好。这里主要用于训练。

对于不陡的坡如果动力充足可以加挡。上坡加挡除了按一般的加挡要领操作外，要特别注意以下几点。

- 上坡阻力大，冲车要比平路大，加挡应尽量选择坡中平缓地段进行。
- 冲车虽大但要适当，挂空挡加挡要快。换挡动作慢，会造成加挡后动力损失多，换入新挡位将无法继续行驶。
- 挂挡后，离合器踏板应迅速抬至半联动位置，随即踩下油门踏板，然后再慢抬离合器踏板，使车辆平稳上坡。

❷ 上坡减挡。汽车上坡前，视交通道路情况，应提前加速冲车。当感觉动力不足时，必须提前换入低一级挡位。上坡减挡应注意以下问题。

- 换挡时机要准确。上坡减挡时机过早，会造成动力浪费，过晚会造成动力不足，甚至需要停车重新起步。可通过"听"和"看"来确定：当听到发动机声音变低沉，车速迅速减慢时，表明动力不足，应及时减挡。遇有陡坡或满员上坡，减挡时机要提前，稍感动力不足，就应减挡，宁早勿晚。
- 踏离合器、摘空挡、挂入低一级挡位三个动作，要迅速准确。

❸ 下坡加挡。下坡加挡除按一般的加挡要领操作外，要特别注意以下几点。

- 冲车要小。下坡加挡冲车要小于平路，较陡的坡路不需冲车，为防止踏下离合器踏板后车速过快而不易操作，必要时还要稍踩制动。
- 动作要快、准。

❹ 下坡减挡。下坡时，如果道路情况复杂，应用低速挡行驶。其操作要领为：右脚踏下制动踏板，使车速逐渐降低到低一级挡位所需行驶速度的最低值，然后踏下离合器踏板，迅速挂入空挡，再换入所需的挡位，最后根据道路、交通情况松抬离合器踏板或踩制动踏板。

当坡道短而不陡，路面又平坦时，应利用惯性冲上去，但速度一般不要超过50km/h，将要驶到坡顶时要减速，靠右侧、鸣喇叭，夜间要用灯光告诉来车，以免与来车相撞。

（3）坡道停车

❶ 上坡停车。上坡停车操作要领与平路停车基本一致，但应注意：

- 车速较快时，可在松开油门后，先踏下离合器踏板，待车将要停下时，踩下制动踏板将车停住。拉紧手刹后挂空挡，慢慢放松制动踏板。如果松开制动踏板时车辆有向后溜的现象，应马上再踩下制动踏板，重新拉紧手刹后，挂空挡，再慢慢松抬制动踏板。如图4-44（a）所示。
- 如果车速较慢，应在踏下离合器踏板的同时，踩下制动踏板，再拉紧手刹，挂空挡，以防车辆后溜，如图4-44（b）所示。

(a) 上坡车速较快时的停车操作

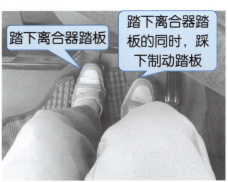

(b) 上坡车速较慢时的停车操作

图4-44　上坡停车操作要领

车将要停下时再踏下离合器踏板

先踏下制动踏板使车速减慢

图4-45 下坡停车操作要领

❷ 下坡停车。下坡停车时，先适当踏制动踏板使车速减慢，车将停下时再踏下离合器踏板，并继续踏下制动踏板使车停住，再拉紧手刹，挂空挡。如图4-45所示。

❸ 坡道停车注意事项。一般情况下是不允许将车辆停在坡道上的，如果确实要在坡道上停车，而且时间较长，应在发动机熄火后，将变速杆挂入低速挡（上坡停车）或倒挡（下坡停车），还应用三角木或石块等塞在后车轮的后面（上坡停车），或前面（下坡停车），以防手制动未到位或失灵造成事故。

（4）坡道倒车

❶ 沿上坡方向倒车。倒车方向沿坡面向上，如图4-46所示。

沿上坡方向倒车的方法与上坡起步的操作方法类似，不同之处是这里需要挂倒挡。当然应使离合器踏板、油门踏板、手刹的操作配合好，避免熄火或沿斜坡向下冲。起步后适当加油后倒即可。具体操作参看"坡道起步"部分。倒至预定位置后，在踩下离合器踏板的同时，踏下制动器踏板，即可使车辆平稳停住，拉紧手刹，挂空挡。踩离合器踏板要略快，防止熄火。

❷ 沿下坡方向倒车。倒车方向沿坡面向下，如图4-47所示。

图4-46 沿上坡方向倒车

图4-47 沿下坡方向倒车

沿下坡方向倒车，需要挂倒挡。松开制动后车辆会向后溜滑，起步一般不需要加油。可先踏下行车制动踏板，然后放松手刹，接着松抬离合器至半联动，根据坡度大小松抬制动器踏板，起步后完全松开离合器，并利用行车制动器控制倒车速度。也可采用松离合器踏板的同时松手刹的方法起步，起步后再利用行车制动器控制倒车速度。倒至预定位置后，在踏制动器踏板的同时，踏下离合器踏板，即可使车辆平稳停住，拉紧手刹，挂空挡。如果车轮刚好处于坡道的洼坑处，不加油无法起步时，可采用坡道起步的方法起步，起步后一旦驶出洼坑右脚应迅速松开油门并移到制动器踏板上，适当踩踏以控制倒车速度。

如果需要以很慢的速度倒车，可将离合器踩到底，只用行车制动控制倒车速度。

4.2.11 弯道与狭窄路口通行

弯道通行时的驾驶技巧和要领如图4-48所示。

狭窄路口通行

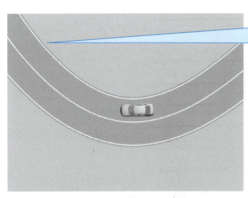

眼要看远处弯路，用余光判断车的横向位置

按3.5.6中介绍的判断方法，把握好车的位置，可以偏左行驶，但不要越过实线，转弯前提前减油减速或刹车减速，必要时减挡，尽量不要在转弯时刹车

(a) 右转弯

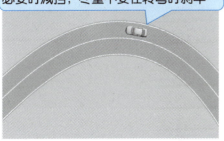

按3.5.6中介绍的判断方法，把握好车的位置，可以偏右行驶，但要防止驶出路面，转弯前提前减油减速或刹车减速，必要时减挡，尽量不要在转弯时刹车

(b) 左转弯

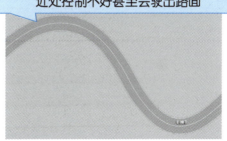

对于连续弯路，通过第一个弯的时候就要看下一个弯，只顾看当前的弯，容易发生较大的偏差，连续弯越短偏差越容易产生，只看近处控制不好甚至会驶出路面

(c) 连续转弯

图4-48 弯道通行驾驶技巧和要领

通过狭窄路口时有以下一些注意事项,如图4-49所示。

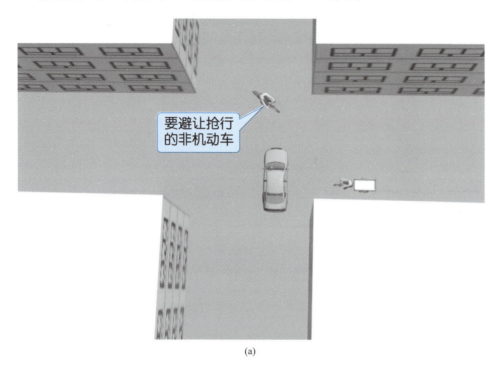

(a)

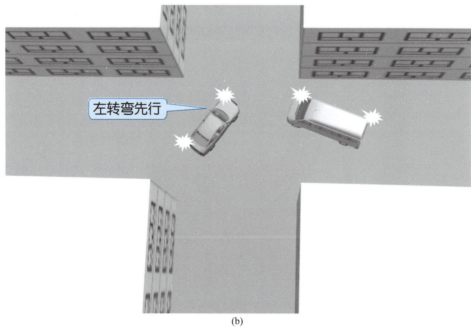

(b)

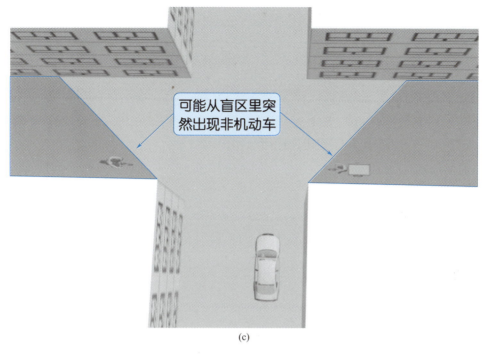

(c)

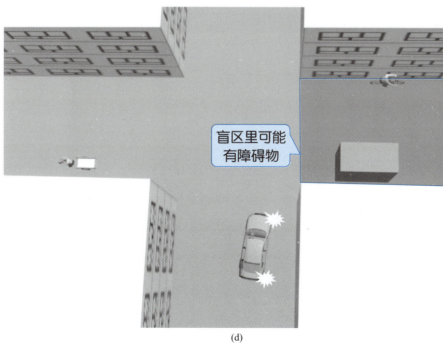

(d)

图 4-49

(e)

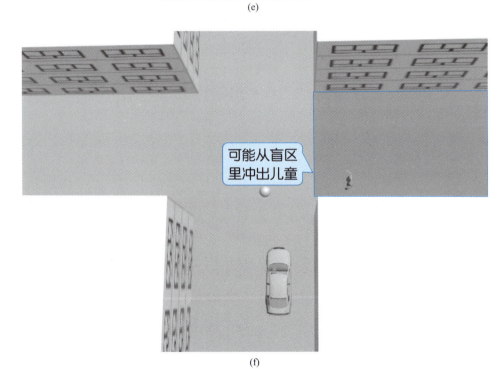

(f)

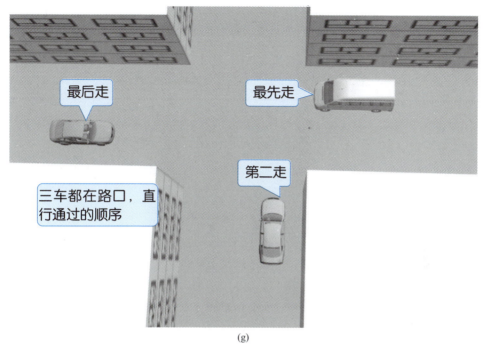

(g)

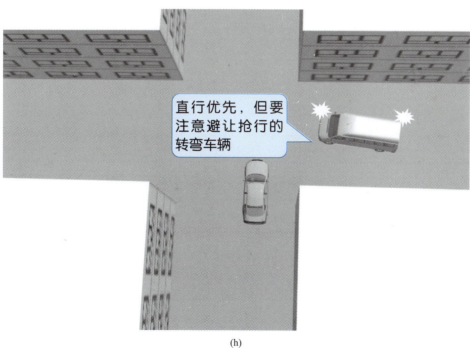

(h)

图4-49 通过狭窄路口应注意的问题

4.2.12 环岛通行

环岛大致可以分为以下几种形式,如图4-50所示。

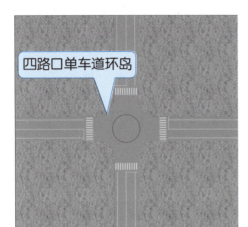

(a) 四路口单车道环岛

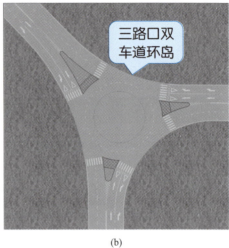

(b) 三路口双车道环岛

(c) 四路口双车道环岛

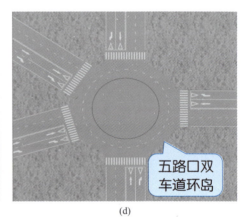

(d) 五路口双车道环岛

图4-50 不同形式的环岛

入岛的车辆要让岛内的车辆先行。

转向灯的使用:右转弯时右灯进、右灯出,其他路口则是左灯进、右灯出。

对于双车道环岛:小车可以直接进入内侧车道。

下面以驶向右转以外的路口说明环岛通行方法。如图4-51和图4-52所示。

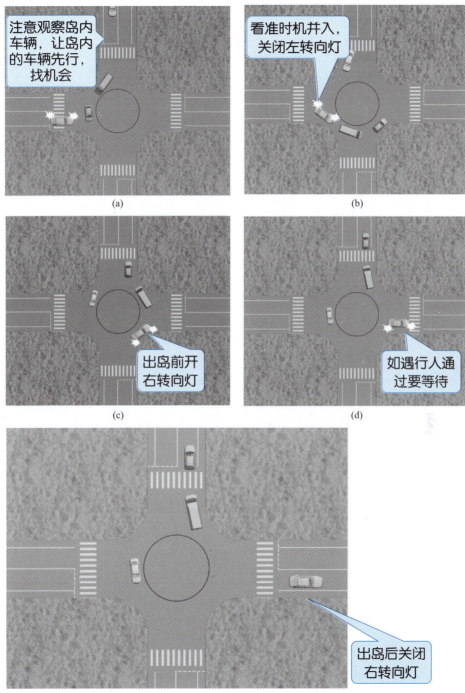

图4-51 四路口单车道环岛通行方法

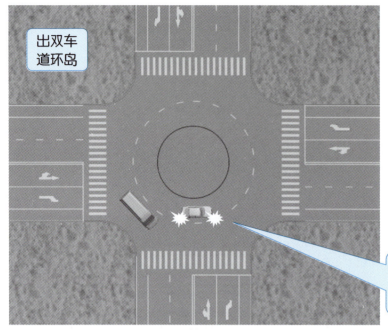

(a)

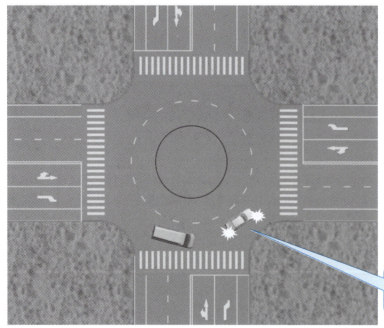

(b)

图 4-52　四路口双车道环岛通行方法

4.2.13 立交桥通行

立交桥通行

(1) 立交桥行驶

常见的立交桥及通行方法如图4-53所示。

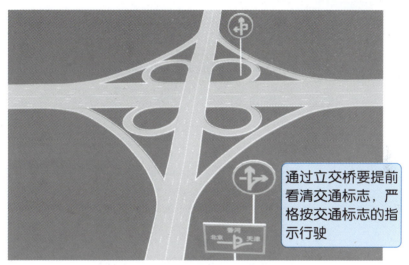

(a) 注意交通标志

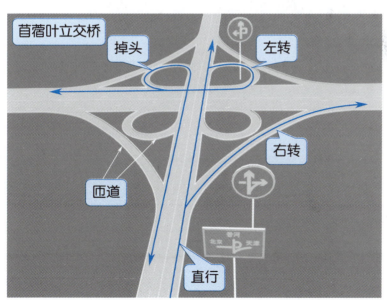

(b) 苜蓿叶立交桥

图4-53

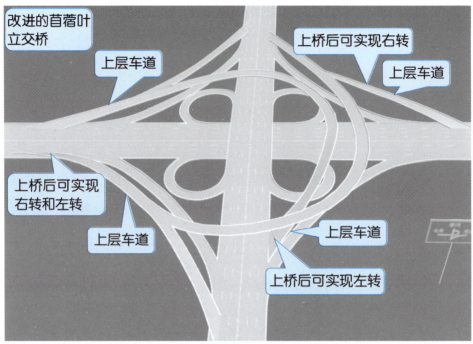

(c) 改进的苜蓿叶立交桥

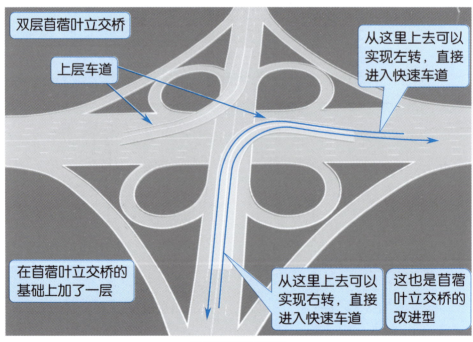

(d) 双层苜蓿叶立交桥

图 4-53 常见的立交桥及通行方法

（2）匝道行驶

进出立交桥或高速公路需要通过匝道来完成，为了安全，进出匝道前要开转向灯3秒以上。

❶ 无引导车道匝道通行方法

无引导车道匝道通行的方法如图4-54所示。

(a)

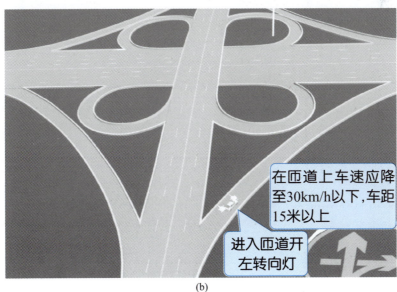

(b)

图4-54

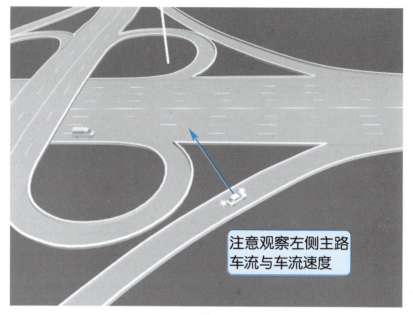

注意观察左侧主路车流与车流速度

(c)

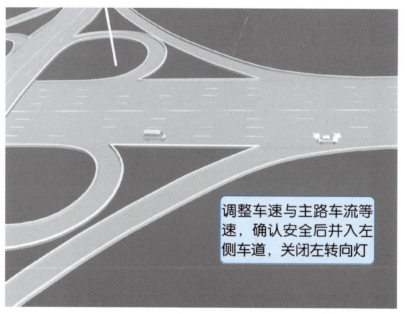

调整车速与主路车流等速，确认安全后并入左侧车道，关闭左转向灯

(d)

图4-54　无引导车道匝道通行的方法

由匝道驶出主路的方法如图4-55所示。

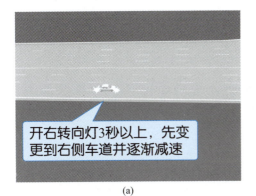

(a)

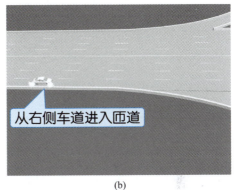

(b)

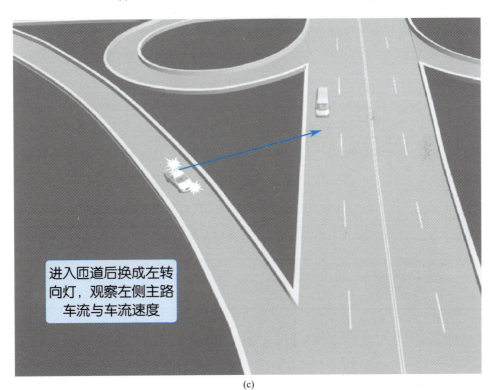

(c)

图4-55

(d)

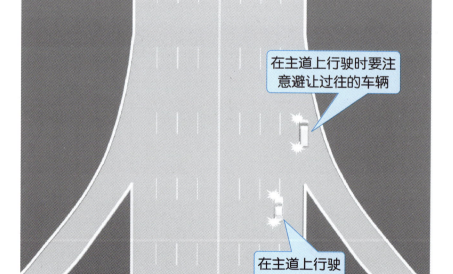

(e)

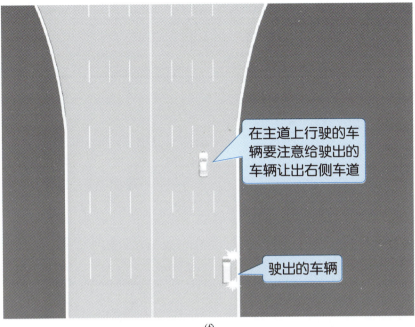

(f)

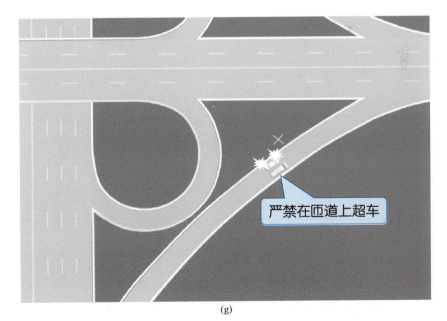

(g)

图 4-55　由匝道驶出主路的方法

❷ 有引导车道匝道通行方法

有引导车道的匝道,除在引导车道上的驾驶有差别外,其他路段的驾驶注意事项与前面所述一样。如图4-56和图4-57所示。

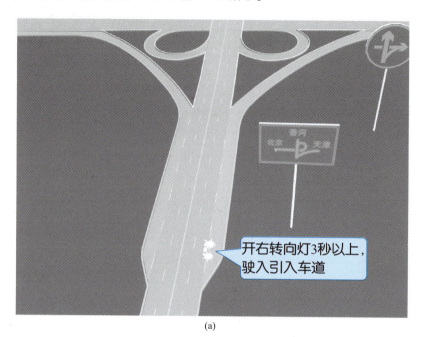

(a)

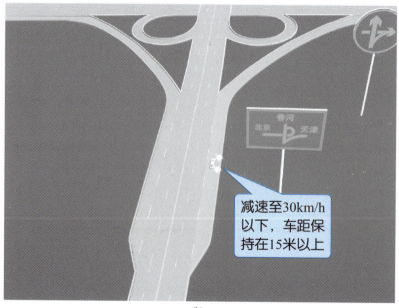

(b)

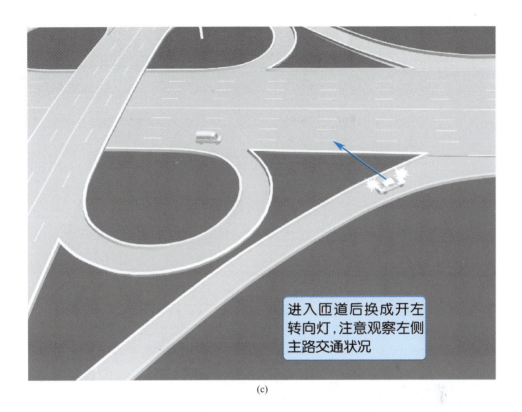

(c)

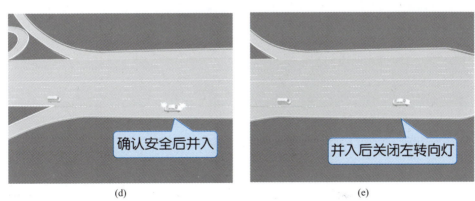

(d) (e)

图4-56 有引导车道匝道通行的方法

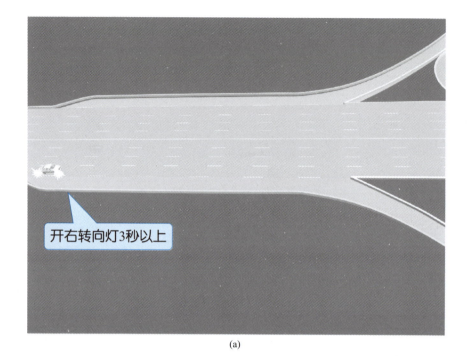

(a)

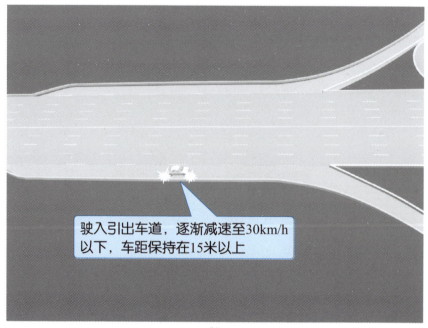

(b)

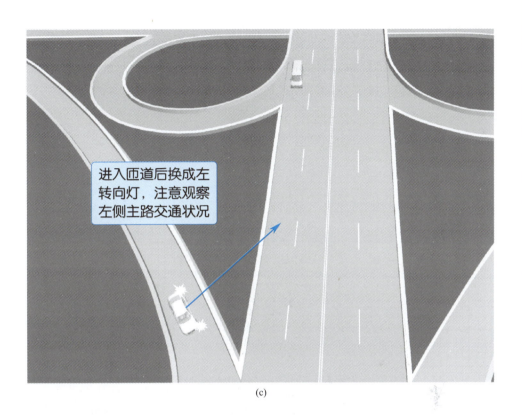

图 4-57　驶出有引导车道匝道的方法

（3）其他形式的立交桥通行

下面是另外两种立交桥的通行方法，与前面大同小异，可举一反三，如图4-58所示。

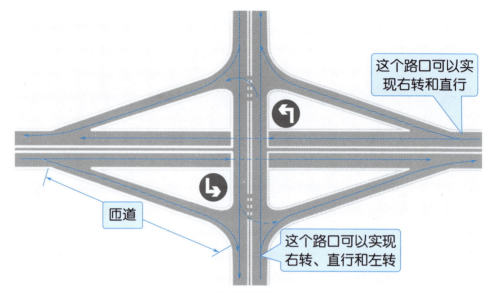

(a) 部分互通菱形立交桥

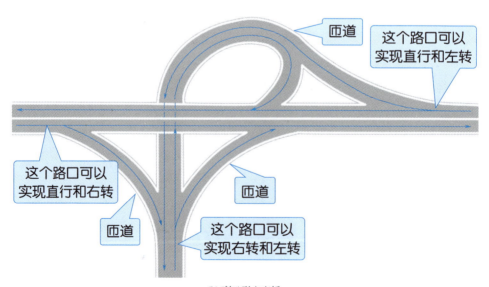

(b) 喇叭形立交桥

图4-58 其他形式的立交桥及通行方法

4.2.14 铁道路口通行

通过铁道路口要做到：一停二判三通过。

铁道路口通行

（1）一停

进入铁道路口遇红灯及栏杆放下时都要停车，如图4-59所示。

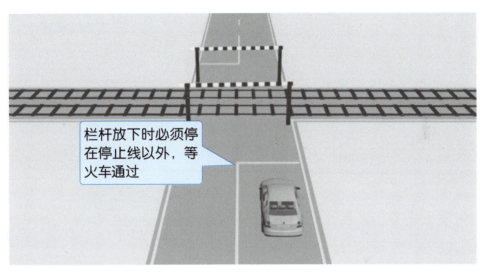

栏杆放下时必须停在停止线以外，等火车通过

(a)

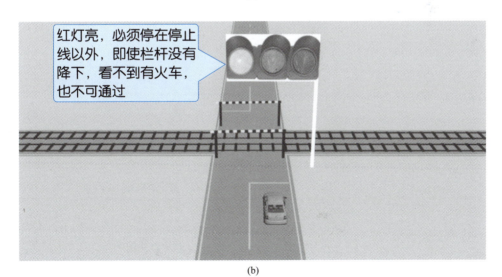

红灯亮，必须停在停止线以外，即使栏杆没有降下，看不到有火车，也不可通过

(b)

图4-59 进入铁道路口停车

(2) 二判

通过眼观耳听判断是否安全。要看清交通标志和信号灯。通过无人值守、无栏杆的铁道路口前，更要提高警惕。

(3) 三通过

通过铁道路口的方法如图4-60所示。

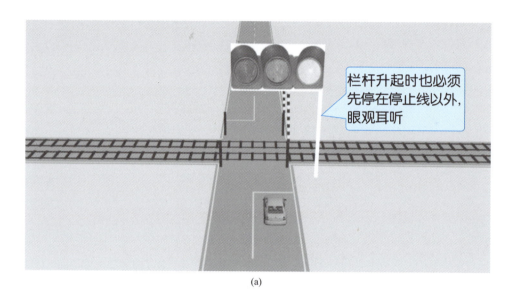

栏杆升起时也必须先停在停止线以外，眼观耳听

(a)

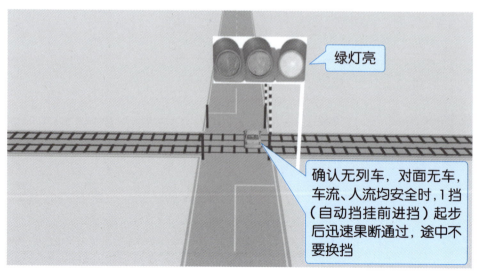

绿灯亮

确认无列车，对面无车，车流、人流均安全时，1挡（自动挡挂前进挡）起步后迅速果断通过，途中不要换挡

(b)

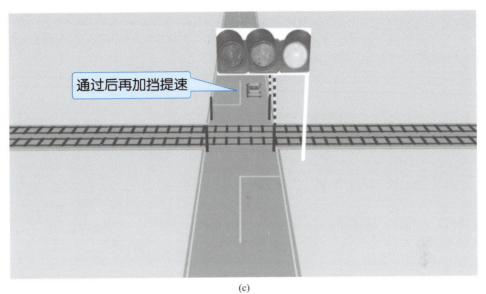

(c)

图 4-60　通过铁道路口的方法

(4) 过道口的注意事项

通过铁道路口时，应注意如图 4-61 所示的情况。

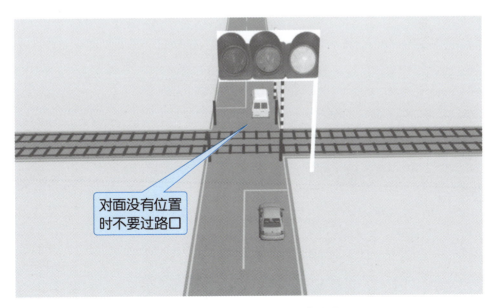

图 4-61　通过铁道路口时需注意的情况

（5）在铁道路口熄火的急救方法

如在铁道路口遇上熄火，可采取如图4-62所示的急救办法。

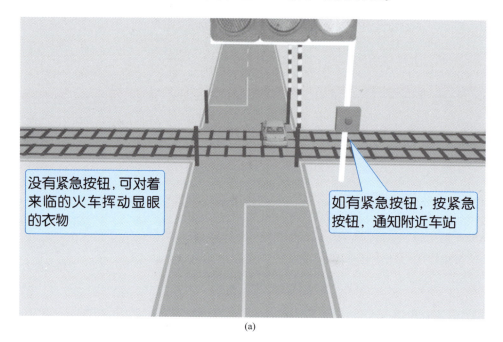

(a)

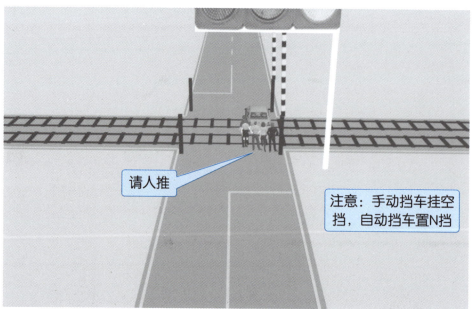

(b)

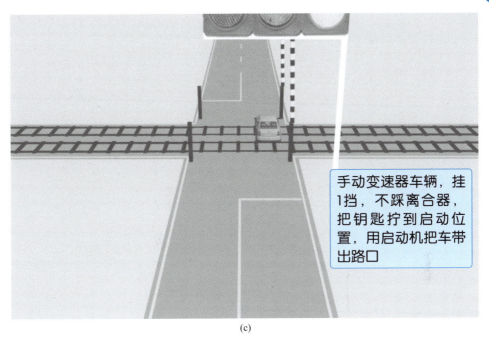

(c)

图4-62 在铁道路口熄火的急救方法

4.2.15 夜间行驶

(1) 夜间行车的特点

夜间行车比白天更易发生危险,因此应特别谨慎,如图4-63所示。

(a)

图4-63

图4-63 夜间行车的特点

（2）对道路和地形的判断

可根据车速和发动机的声音判断地形。当车速自动减慢、发动机声音变沉闷时，说明行驶阻力增大，正在上坡或驶进松软路面；当车速自动加快、发动机声音变高时，说明行驶阻力减小，已进入正常路面或汽车已经下坡。

利用灯光的变化可直观地判断地形。

下面是通过一段连续转弯坡路时灯光的变化情况。如图4-64所示。

(a)

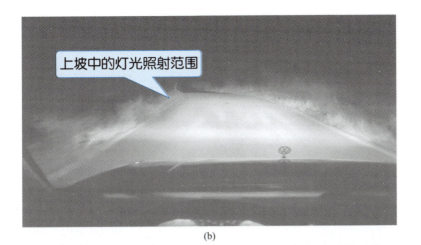

(b)

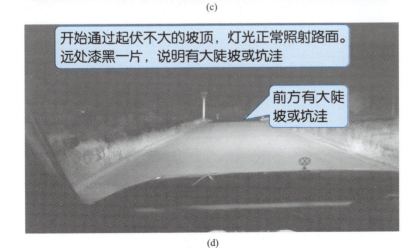

(c)

图 4-64

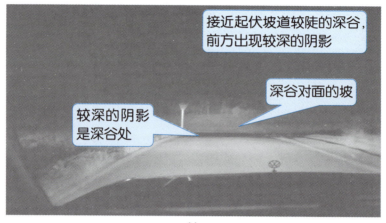

(e)

(f)

(g)

(h)

(i)

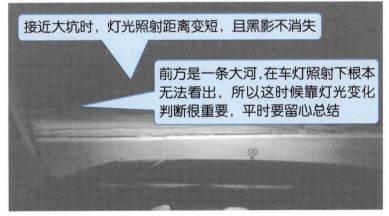

(j)

图 4-64

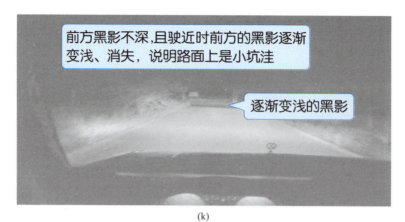

(k)

图4-64 夜间通过连续转弯坡路时的灯光变化

(3) 夜间行车注意事项

夜间行驶时，速度、灯光、障碍、行人等都是需要注意的问题，如图4-65所示。

(a)

(b)

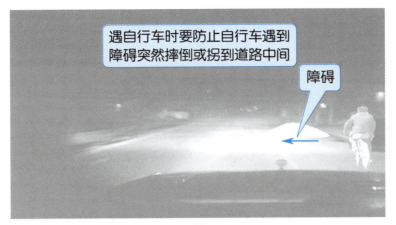
(c)

(d)

(e)

图4-65

(f)

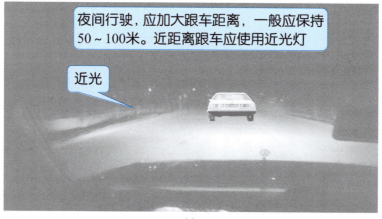

(g)

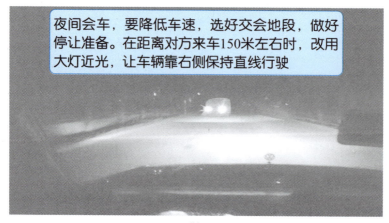

(h)

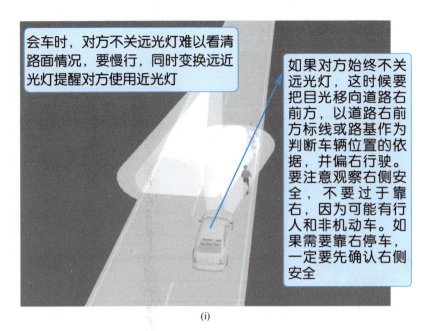

(i)

图 4-65 夜间行车应注意的问题

夜间变更车道、转弯时，贴了车膜的车更不容易看清左右两侧的情况，所以要比白天慢，要更加仔细才行。

此外在窄桥、窄路与非机动车会车，近距离跟车，通过有交通信号灯控制的交叉路口，转弯时，都应使用近光灯，转弯还应开启转向灯。

通过急弯、坡路或拱桥、人行横道、没有交通标线和交通信号灯控制的路口、有交通标线但没有交通信号灯控制的路口，要交替变换远近光灯示意。

4.2.16　堵车时的通行

堵车时车速慢，走走停停，这时候也不能麻痹大意，尤其是转弯、换车道的时候，不要忘记观察右侧或是左侧。如果不观察，一旦有行人、非机动车、摩托车穿插抢行，很容易发生事故。

4.2.17　避让特种车辆

特种车辆执行任务时一般都会开警报器，必要时还会鸣喇叭。因此，一般机动车都要注意避让，具体方法如图 4-66 所示。

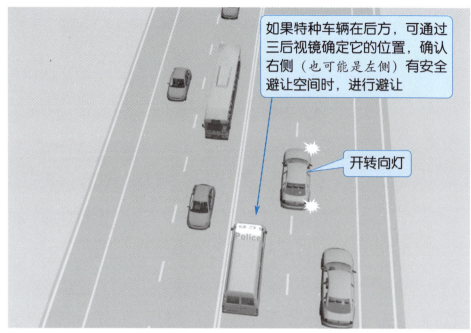

(a)

如果特种车辆在后方，可通过三后视镜确定它的位置，确认右侧（也可能是左侧）有安全避让空间时，进行避让

开转向灯

特种车辆在对面，它有可能越过中心实线，如果你在最左面的车道行驶，一定要开右转向灯，确认安全后往右靠，条件允许时可换入右侧车道

(b)

图4-66 避让特种车辆的方法

4.2.18 确保行人、非机动车和其他机动车的安全

(1) 礼让行人

礼让行人的一般原则如下。

❶ 在市区内行驶时,要降低车速,注意观察,胆大心细,随时准备应付突然出现的行人等。

❷ 在市区内禁止鸣喇叭地段,应降低车速。在其他地段,可适当使用喇叭。

❸ 过积水路面时,要慢行,防止泥水溅到行人身上。

❹ 必须进入人行道时,要慢行,注意观察前方和后视镜。

遇到以下几类行人,避让时一定要有耐心,要慢行、适当鸣喇叭并做好随时停车的准备。遇小孩奔跑时,要立即减速或停车,等安全之后再前进。

❶ 老年人反应迟钝,行动缓慢,如图4-67所示。

❷ 儿童、中小学生对汽车的性能和交通法规知之甚少,走路、玩耍时可能会不顾周围的一切。

❸ 低头沉思、情绪异常的人也会忘记周围的一切。

❹ 残疾人行动不便。在残疾人中,聋哑人外表不易与常人区分,需要注意判断,如果按喇叭没有反应或是对周围的声音没有反应,这些人可能是聋哑人。

图4-67 避让老人

❺ 正常行人可能由于某种原因突然跑上公路或突然转向、逆行。

（2）礼让非机动车

驾车行驶时，应注意礼让非机动车辆，如图4-68所示。尤其应注意以下情况。

拉车很费劲，尤其是上坡、路况差的时候

(a)

超越时右侧离非机动车过近会很危险，要保持1米以上的安全间距

(b)

图4-68 礼让非机动车

❶ 与自行车或行人保持1米以上的安全间距。要防止剐、擦自行车所带物品。
❷ 要警惕骑车人突然从车头横越。
❸ 不抢行，适当降低车速，随时做好停车准备。
❹ 如发现骑车人摇晃，应进一步减速或停车，以防碰撞。
❺ 要防止乘坐自行车的儿童突然跳车造成骑车人摔倒而导致碾压事故发生。
❻ 超越自行车时，用喇叭示意后，如无其他情况，则保持一定间距缓慢超越。切忌冒险穿挤和鸣号催促让道。
❼ 在狭窄道路上超越或与自行车并行时，要小心自行车突然摔倒，或被汽车凸起部分剐倒、挤倒，酿成严重车祸。
❽ 遇畜力车、畜群时要提前做好准备，适当鸣喇叭，以防牲畜受惊而发生意外，要边仔细观察边慢慢超越。

（3）经过停站的公共汽车

经过公交车站时，应注意如图4-69所示的情况。

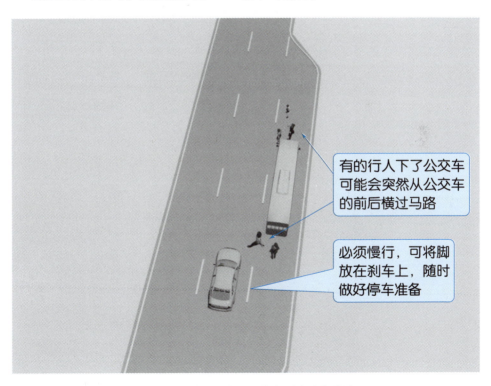

图4-69　经过停站的公共汽车时应注意的情况

5 高速公路驾驶技巧

5.1 高速公路的特点

高速公路驾驶

高速公路上都有交通信息牌，还有监控测速设备。高速公路交通标志大且完备。具体特点如图5-1所示。

(a)

(b)

(c)

(d)

(e)   (f)

(g)   (h)

图 5-1　高速公路的特点

5.2　高速公路上的行驶特性

高速公路上行驶速度快，车道规定明确。不同车道行驶速度规定如图 5-2 所示。

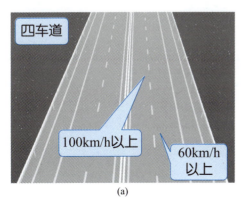
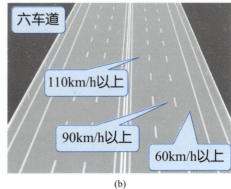

(a)   (b)

图 5-2

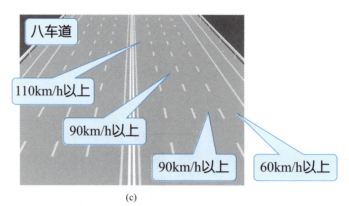

(c)

图 5-2 高速公路不同车道行驶速度

5.3 上高速路前的准备

检查机油、冷却液、制动液、助力液是否正常。加满燃油。检查轮胎有无裂纹，是否夹有异物；胎压是否正常，不正常则要按说明书上的要求给轮胎充气。要带上灭火器、常用随车工具等。有条件还可以带上医务包。

5.4 安全驶入高速公路

安全驶入高速公路的方法和步骤如图 5-3 所示。

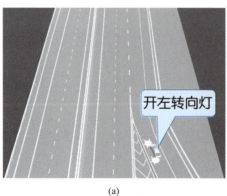

(a)

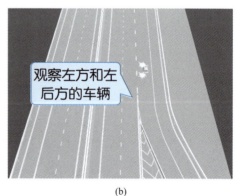

(b)

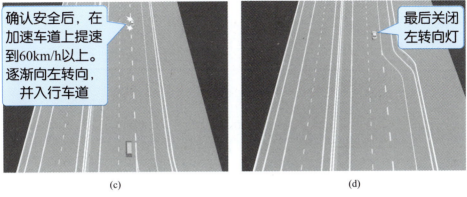

(c)　　　　　　　　　　　　(d)

图 5-3　安全驶入高速公路的方法和步骤

5.5　高速公路行车道行驶

在高速公路行驶时主要应注意图 5-4 所示的问题。

(a)　　　　　　　　　　　　(b)

图 5-4　高速公路行车道行驶

除图 5-4 所示情况外，在高速公路行驶进收费站时，要进绿灯亮的车道，因为红灯亮的车道没有工作，不能通行。

5.6 安全驶离高速公路

应按路边的驶出标志安全驶离高速公路,具体方法和步骤如图5-5所示。

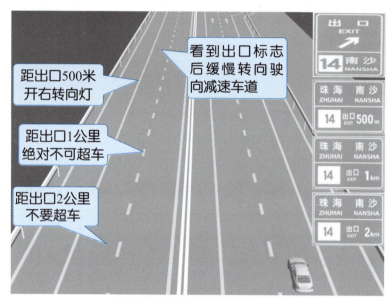

(a)

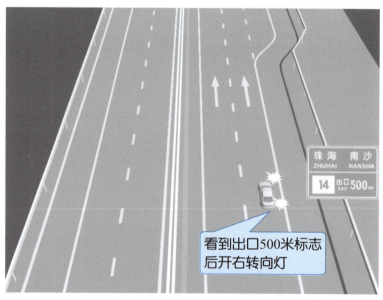

(b)

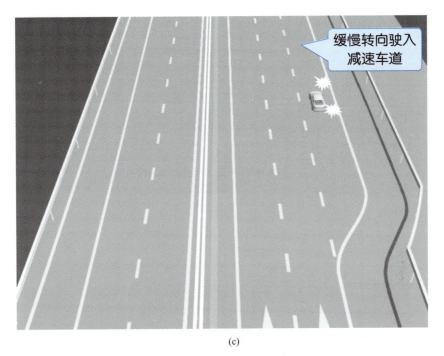

(c)

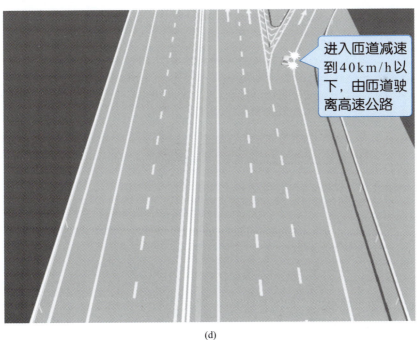

(d)

图 5-5 安全驶离高速公路的方法和步骤

6 特殊天气驾驶技巧

在恶劣条件下驾驶除了控制好车速外,还要更加仔细地观察交通流并由此预知下一时刻交通流的状态,从而从容不迫地进行下一步操作。

6.1 雨天驾驶

行驶前必须检查雨刮器是否能正常工作,雨刮器不能正常工作时,雨水覆盖在前挡风玻璃上将导致无法看清道路交通状况,很危险。应在雨刮器修好之后再上路。

雨天比平常行车速度要慢,积水越厚速度应越慢,要平缓打方向、平缓使用制动,以发动机控制车速为主,并要适时减挡,不要猛加、猛松油门。雨天要适当增大跟车距离。暴雨时应停车。

雨天行人和非机动车驾驶者因使用雨具导致视线受阻,因此驾驶人要更加仔细地观察他们的动向。

连续阴雨天要注意观察路面,以防陷车、坍塌,不要在可能陷车、坍塌的地方行驶、停车。

刚下雨路面有薄积水时,高速行驶会因形成水膜,导致侧滑。发生侧滑时的处理方法:

❶ 松油门,轻点踩制动。

❷ 如果是前轮侧滑,应逆着侧滑的一侧纠正方向;如果是后轮侧滑,应顺着侧滑的一侧纠正方向。

❸ 转向时动作要敏捷柔和。

雨天行车需要关闭车窗,内外温差使前挡风玻璃很容易产生雾气,此时应打开冷气吹向前挡风玻璃；后挡风玻璃出现雾气时，需打开后挡风玻璃加热器，尽快消除雾气。

6.2 炎热天气驾驶

炎热天气驾驶，要防止中暑，准备好饮用水和防暑物品，必要时使用空调。还要防止发动机温度过高。此外，还应注意：

❶ 检查冷却液，不足时补充。

❷ 在驾驶中随时注意水温表的指示读数，不要超过95℃。风扇皮带断裂、脱落，电子风扇停止工作，机油严重不足等都是造成发动机温度过高的原因。发动机温度过高时，千万不要向发动机缸体、缸盖上浇凉水降温，以免炸裂，酿成无法修复的恶果。

小知识

若遇开锅不要立即熄火。应保持怠速运转，不要立即开盖加冷却液，应全部打开百叶窗，耐心等待冷却液停止沸腾。冷却液停止沸腾后再用湿毛巾作垫手，先把散热器加液盖拧开一挡，放出蒸气，脸部要避开加液口上方，防止高温冷却液喷出烫伤脸部，稍等片刻再全部打开加液。散热器内几乎无冷却液时必须等机体温度降到手能够长时间触摸时再加冷却液，以免因热胀冷缩不均匀而产生炸裂。

❸ 防止轮胎气压过高，以免爆胎。

若发现胎温、胎压过高时，不可采取放气和泼冷水的方式，应选择阴凉处停车，使轮胎温度、压力自然下降；如遇涉水时，应待胎温适当降低后再涉水，以防轮胎早期损坏。

❹ 黄昏及夜间应注意路边、路中有乘凉散步的行人。

6.3 雾天驾驶

雾天驾驶应注意以下几点：

❶ 打开前防雾灯、尾灯、示宽灯和近光灯。
❷ 必须降低车速，能见度越低车速应越低。
❸ 在非禁止鸣喇叭路段，可适当鸣喇叭，并注意鸣短促喇叭回应其他车辆。
❹ 能见度不足50米时同时开启后防雾灯。
❺ 尤其要注意的是雾天不要以前车尾灯作为判断车距的依据。遇特大雾时必须找安全的地方停车。

6.4 严寒天气驾驶

严寒天气驾驶车辆应注意以下问题。

❶ 严寒地区驾驶要注意防冻，最好停到车库里，有暖气更好，第二天不愁启动不了。

❷ 一定要使用冬季机油。在严寒地区的冬季，四季机油将造成汽车无法启动。有预热装置的车辆，可预热到启动温度时再启动。

❸ 启动后可立即以怠速或小油门低转速起步，然后换二挡小油门行驶，不要原地热车，这样可以使发动机、变速箱、传动部分都得到"预热"。待发动机温度升高到40℃左右时，再以正常转速行驶。可按说明书的要求操作。

除以上几点外，在冰雪路面上驾驶时，可采取以下技巧。

（1）冰雪路驾驶四大要领

❶ 保持低速行驶，保证足够的安全距离。
❷ 匀速缓慢打方向。
❸ 匀速缓踏、缓松油门。
❹ 匀速轻踏、慢松制动踏板，即使有ABS的车辆也不要猛踩刹车，尤其是转弯时。如图6-1（a）所示，在压实的雪路上沿直线高速行驶时猛踩制动踏板尽管不会发生大的侧滑，但是车辆仍会发生左右摆动现象。如图6-1（b）所示，在溜滑的冰路上，ABS、防侧滑系统几乎没有什么作用，猛踩制动踏板照样会导致侧滑、驶出路面现象。必须低速转弯，ABS、防侧滑系统应付不了溜滑的弯路。

（2）冰雪路驾驶注意事项

❶ 在冰雪路上，要选择路面宽、积雪少的地段会车。尽量避免在狭窄路段会车。尽量不超车。
❷ 停车时，缓慢轻踩制动踏板，防止甩尾。

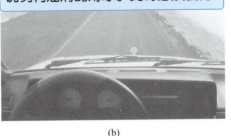

图6-1 冰雪路驾驶要领

❸ 加大跟车距离。跟车距离要比正常路面加大3倍以上，坡道要更长一些，对于短坡应等前车爬过坡顶再爬坡，即使有ABS的车辆也应如此。

❹ 在冰雪路上长时间停车，如果轮胎冻结于地面，要先用铁锹、十字镐挖开轮胎周围冻结的冰雪和泥土后再起步。

❺ 雪地行驶建议使用灰色眼镜以免发生雪盲。

❻ 必要时装上防滑链、防滑罩。

❼ 冰雪天还要特别注意：行人、非机动车驾驶者因穿戴的影响，对交通状况的判断力下降；行人、自行车还可能突然滑倒，因此更要仔细观察，保持足够的纵向、横向安全距离。

❽ 其他注意事项如图6-2所示。

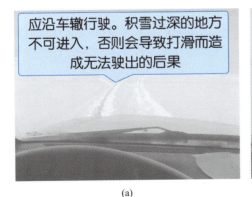

图6-2

135

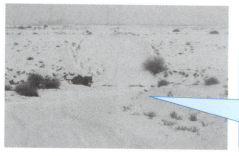

坡路：下坡时不可猛冲猛闯，以免撞上雪下的坚硬物体。为了防止上坡时打滑，下坡速度可适当快些，到坡底时加油，可以靠惯性顺利冲上去，速度慢中途可能发生打滑现象

(c)

图6-2 积雪路段驾驶注意事项

6.5 涉水驾驶

汽车涉水前，要仔细探明水的深度、流速和水底情况，并根据车辆的性能，确定能否通过。选择水浅、底硬、两岸坡缓、水流稳定、距离短的地方涉水。当水深接近汽车最大涉水深度时，应采取措施防止电器设备短路、排气口进水等。当水深超过最大涉水深度时，不得冒险涉水。涉水时应用低速挡使车辆平稳地驶入水中，眼睛要看远处的固定参照物，避免中途换挡、停车和猛打方向盘。若车轮打滑空转，应立即停车，不要勉强进退，更不可加速猛冲，以免越陷越深，也不要熄火，应立即求援。市内涉水要认真观察判断，尽量避免压井盖及其附近台阶或路沿。涉水后应踩几次制动以蒸发水分，以便恢复正常制动性能。

6.6 大风天驾驶

大风会使车辆行驶方向难以控制，甚至将车辆吹离正常行驶路线或吹翻，大风吹起的硬物还可能击碎车窗。因此除慢速行驶外，还应紧握方向盘，控制好行驶方向，风过大时应停车躲避。

6.7 山区道路驾驶

山区道路坡多、弯多、拐弯处山体形成的盲区多，气候变化无常。除按一般的坡道驾驶要领驾驶外，还应注意：拐弯前减速、鸣喇叭、靠右行驶，充分准备好随车工具，防雨、防寒、防滑物品等。

7 不同场地日常停车技巧

虽然可借助倒车可视系统倒车,但是如果倒车方法不正确,同样无法倒入,因为车的转弯半径是固定的。因此,掌握一定的停车技巧是必不可少的。

7.1 垂直停车场停车

垂直停车场停车

7.1.1 成功入位的规律和基本技巧

因为两后轮的转弯半径是固定的,所以入位前首先要选择合适的起始位置,起始位置不合适将导致无法入位。

> 说明:以下参考点的位置都是针对标准车位选取的,其他宽度的车位,参考点的位置略有差别。

下面以右倒入位为例说明,左倒入位类似。
❶ 成功倒车入位的规律和基本技巧如图7-1所示。

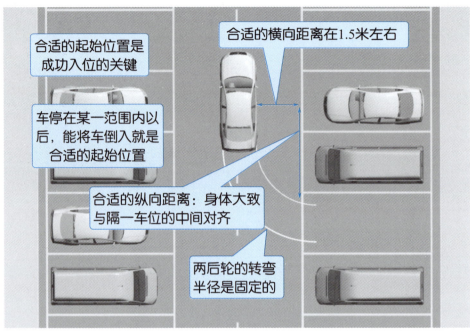

图7-1 成功倒车入位的规律和基本技巧

❷ 在车内观察确定横向、纵向距离的方法如图7-2所示。

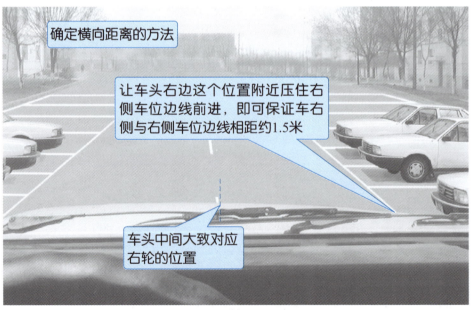

(a)

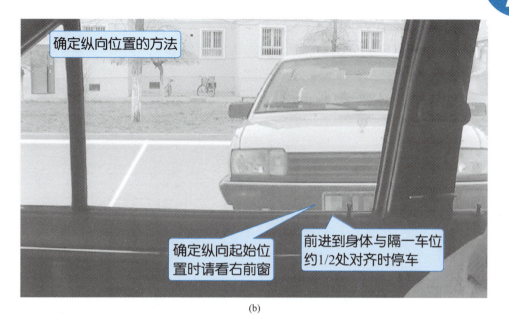

(b)

图7-2 车内观察确定横向、纵向距离的方法

❸ 试验法确定横向、纵向距离的方法如图7-3所示。

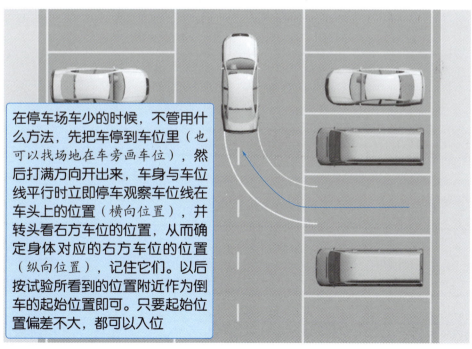

(a)

图7-3

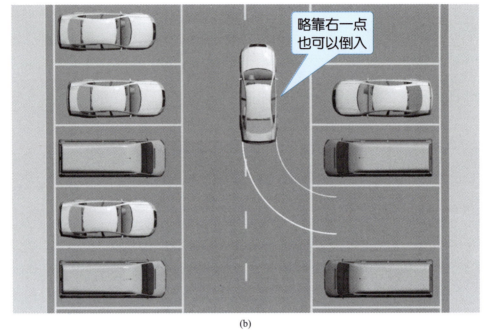

(b)

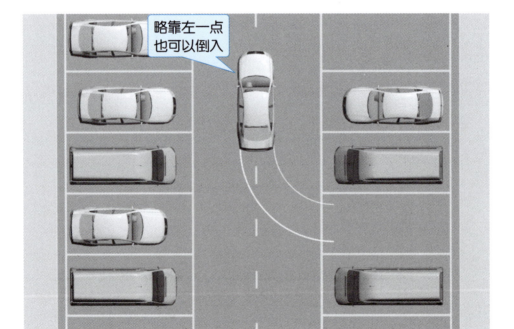

(c)

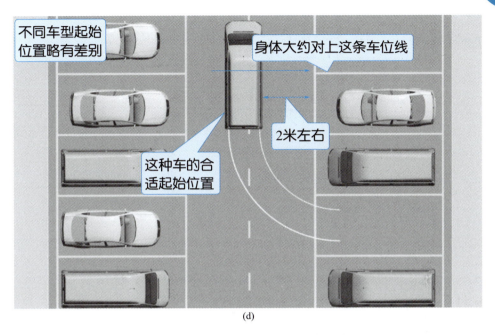

图7-3 试验法确定横向、纵向距离的方法

7.1.2 基本右倒停车入位及出位方法

右倒停车入位的操作步骤与技巧如图7-4所示。

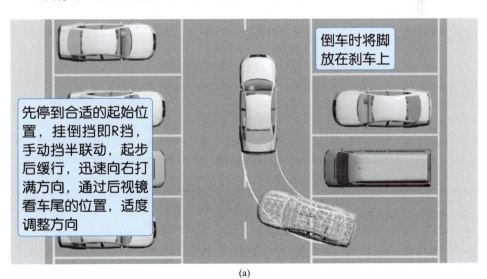

图7-4

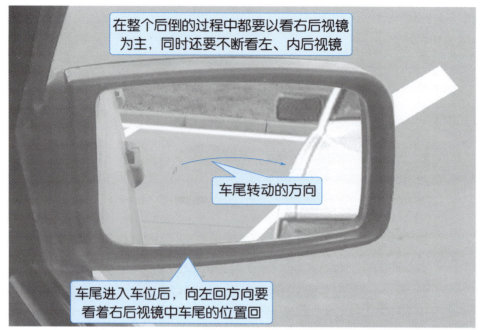

(b)

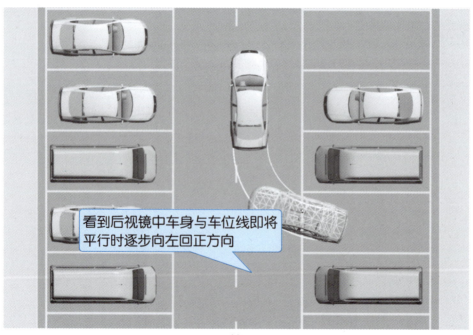

(c)

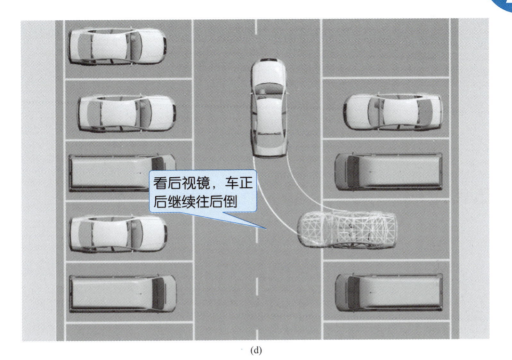

(d)

继续沿直线后倒，在后视镜中看到方向偏斜时可略微修正方向，以免剐蹭。有剐蹭危险时应立即停车，确认应向某一方向打方向后再继续后倒或开出去重来

看后视镜，车正后继续往后倒

向左回正方向后右后视镜中的影像

车身在车位里平行居中时，在后视镜里看，车位线前面略宽，后面略窄，且左右后视镜中的影像是对称的

(e)

图7-4

7 不同场地日常停车技巧

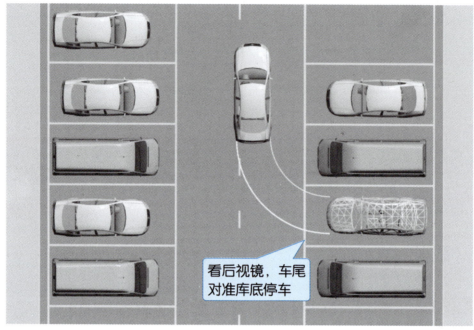

看后视镜，车尾对准库底停车

(f)

这个位置附近是车尾，停车即可

(g)

图7-4 右倒停车入位操作步骤与技巧

起始位置不合适是导致无法入位的原因。图7-5给出了入位失败的几种情况，可供参考。

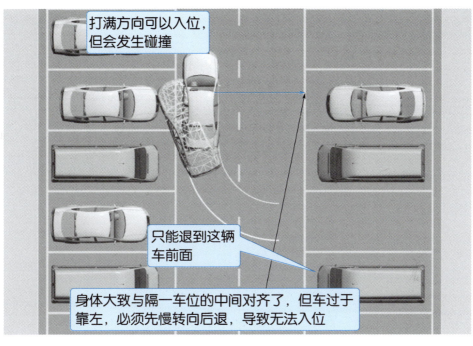

(a)

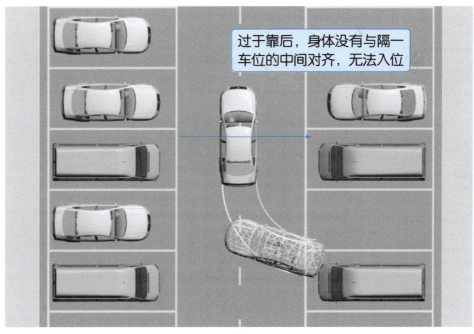

(b)

图7-5

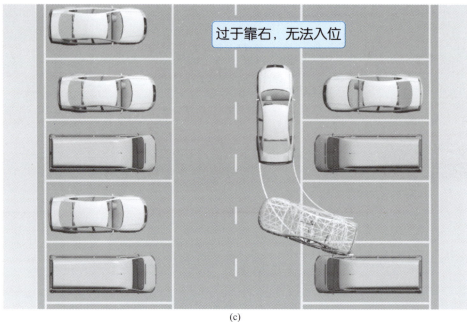

(c)

图7-5　起始位置不合适导致入位失败

驶出车位的方法和注意事项如图7-6所示。

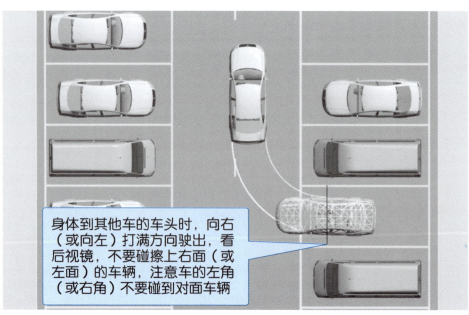

(a)

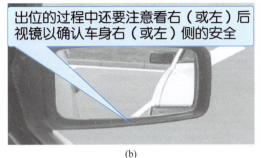

(b)

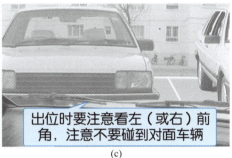

(c)

图7-6 驶出车位方法与要领

7.1.3 其他倒车入位及出位方法

除了上面介绍的最基本的右倒入位方法外,还可以结合自身驾驶习惯,选择适合自己的停车方法。图7-7给出了另一种停车入位方法,供参考。

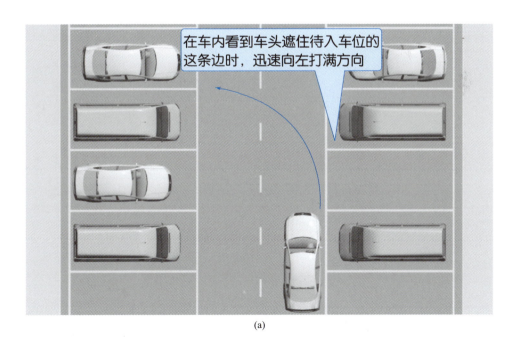

(a)

图7-7

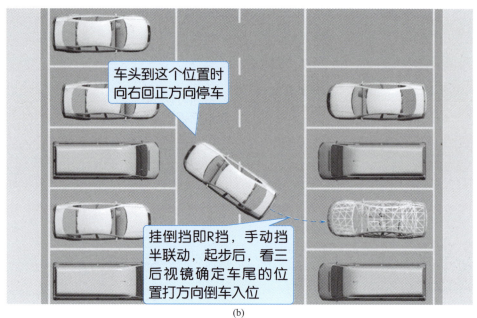

图7-7 停车入位方法

车头向里停车入位的方法和要领如图7-8所示。

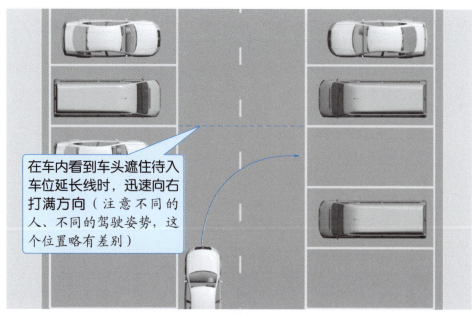

(a)

148

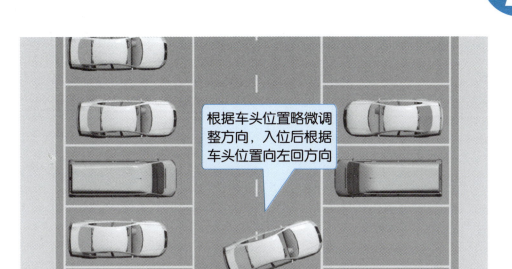

(b)

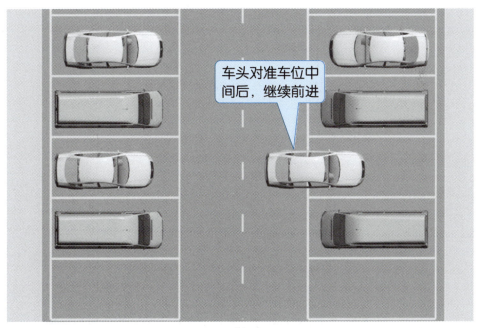

(c)

图7-8

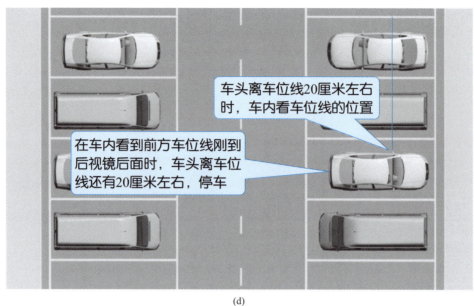

(d)

图7-8 车头向里停车入位方法和要领

车头向里停车入位后,如果要倒车出位,可按图7-9所示的方法和要领进行操作。

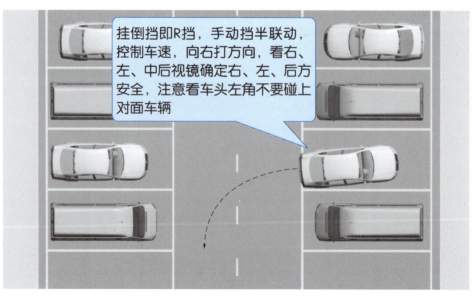

(a)

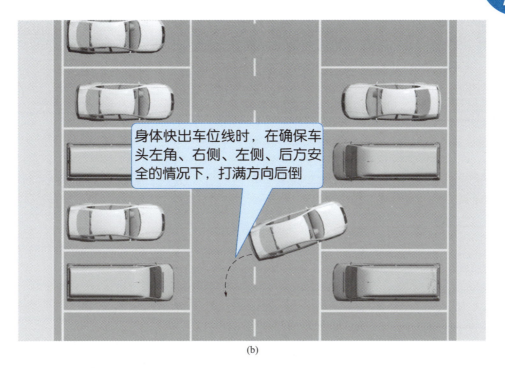

(b)

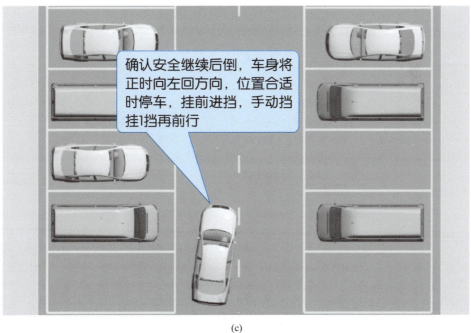

(c)

图7-9 车头向里入位时倒车出位方法和要领

7.2 斜线停车场停车

斜线停车场停车

7.2.1 基本停车入位方法

斜线停车场停车入位的基本方法和操作要领如图7-10所示。

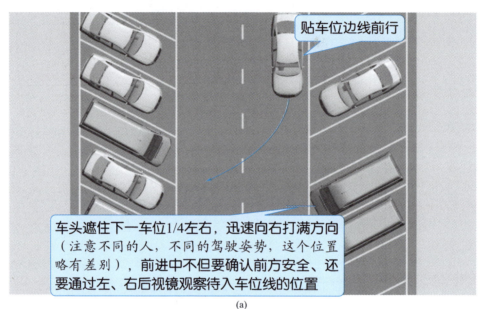

贴车位边线前行

车头遮住下一车位1/4左右，迅速向右打满方向（注意不同的人，不同的驾驶姿势，这个位置略有差别），前进中不但要确认前方安全、还要通过左、右后视镜观察待入车位线的位置

(a)

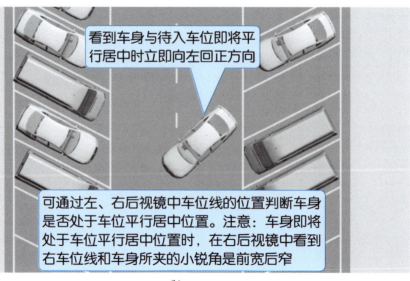

看到车身与待入车位即将平行居中时立即向左回正方向

可通过左、右后视镜中车位线的位置判断车身是否处于车位平行居中位置。注意：车身即将处于车位平行居中位置时，在右后视镜中看到右车位线和车身所夹的小锐角是前宽后窄

(b)

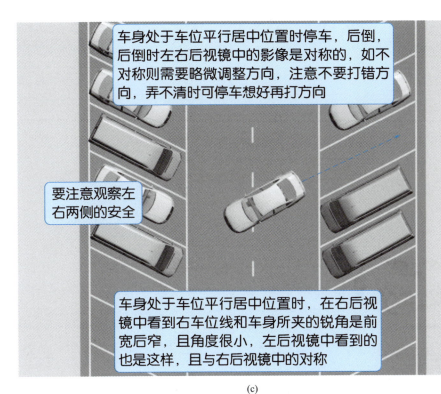

(c)

(d)

图7-10

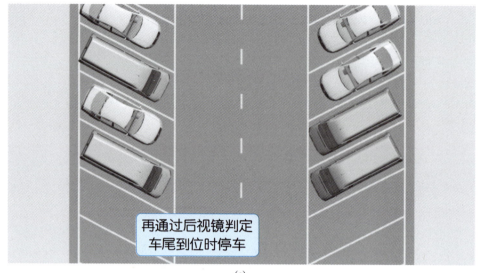

(e)

图 7-10　斜线停车场停车入位基本方法和要领

7.2.2　仿垂直停车入位方法

除上述基本方法外，对于斜线停车场停车，也可以采用仿垂直停车入位方法。操作步骤和要领如图 7-11 所示。

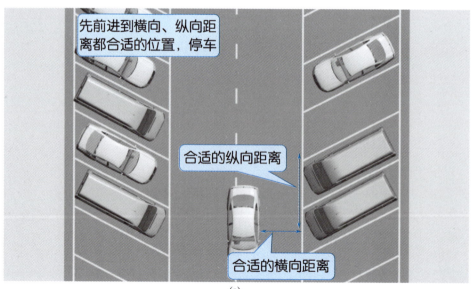

(a)

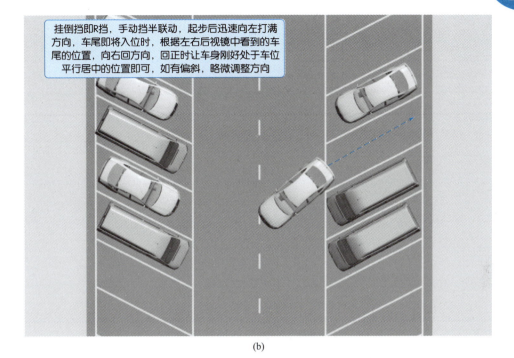

(b)

(c)

图7-11 仿垂直停车入位方法和要领

7.3 纵向停车场停车

纵向停车场的停车入位方法和要领及操作步骤如图7-12所示。

纵向停车场停车

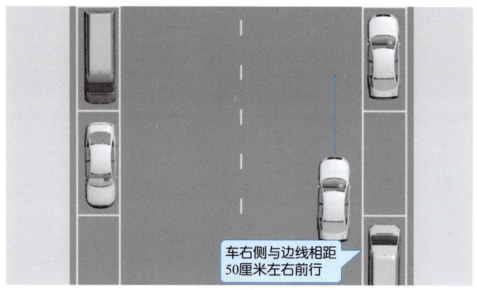

车右侧与边线相距50厘米左右前行

(a)

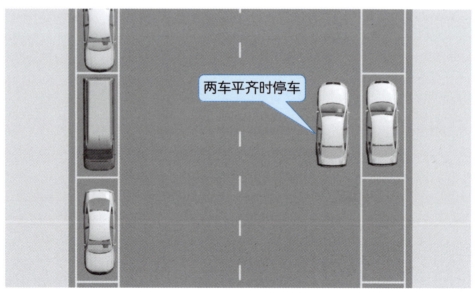

两车平齐时停车

(b)

(c)

(d)

图 7-12

(e)

(f)

(g) 回正后停车即可。有时候需稍后退再停车

(h) 在后倒的过程中可适当扫视内后视镜，以便辅助判断车身是否平行，以及后方是否安全

图 7-12

停车后在左后视镜里看到的后车的影像

(i)

图7-12 纵向停车场停车入位方法和要领

8 安全驾驶常识

8.1 容易被忽视的法律知识

（1）超载

不要为了面子而在车内多挤几个人。"机动车载人超过核定人数"将被处以200元的罚款。

（2）驾驶证过期

C级执照的期限是6年，过期后继续开车就属于"无证驾驶"。无证驾驶会被处以200元至2000元罚款，而且还有可能被处以拘留15天以内的处罚。所以一定要按驾驶证上注明的期限去换证。

（3）不系安全带

副驾驶位也一定要系安全带。现在很多车辆后排也有安全带，最好也系上。"乘坐人员未按规定使用安全带"将被处罚。

（4）相关检验标志一定要贴在挡风玻璃上

要按规定将年审标志、环保标志、交强险标志和年票等标志贴在挡风玻璃上。不及时更换这几个标志，都有可能被交警处罚。要想去除旧贴纸，可请专业的汽车美容师傅帮忙，清理一下，然后换上静电保护贴，将标志贴纸直接贴在保护贴上，既符合交通法规的要求，又方便以后更换。

8.2 车内装饰物或放置物摆放注意事项

(1) 车内悬挂玩偶的位置不要影响视线

车上悬挂的小玩偶在行车过程中左右摇晃，容易阻挡视线。后挡风玻璃下面放背包、手包及其他玩具等物品，急刹车时，有滑向前方伤及乘员和司机的可能，在倒车时也影响司机观察后视镜。

(2) 给座椅增加坐垫最好想办法固定，否则危险

如喜欢在驾驶席上垫坐垫最好想办法固定，因为坐垫是活动的，容易造成驾车者坐不稳，紧急制动时，身体很容易向前滑出，造成身体撞向方向盘，发生危险。

(3) 使用长毛方向盘套装饰方向盘危险

为了防止出汗打滑或者是防寒，减轻长途驾驶震动对手的影响，加装方向盘把套是一种选择，但最好不要使用长毛方向盘把套。长毛方向盘把套使用一段时间后，手感会变好，但摩擦力也减小，在遇紧急情况需要猛打方向的时候，操控性无形中就变差了。

戴劳保用的线手套或秋冬用功能类似的"魔术"线手套都是很好的选择。夏天可以不会因手出汗造成操作方向盘时打滑，天气寒冷时也不会冻得手指僵硬而导致操作困难。也可使用驾驶用手套，只是价格比较贵。尼龙手套、普通的皮手套容易打滑，不可使用。

汽车行驶过程中始终在震动。凹凸不平的道路、车轮动平衡被破坏、传动轴磨损过度等都会造成车身震动。震动对司机的健康损害较大，尤其是手部和脚部。戴一副手套开车能减轻震动对人体造成的危害。

科学研究表明，受震动的影响，长期开车的人的条件反射机能会受到抑制，神经末梢受损，痛觉功能明显减退，对环境温度变化的适应能力也会降低；震动还会使长期驾车者的手掌多汗、指甲松脆、手臂肌肉痉挛、握力萎缩下降，骨关节出现脱钙、局限性骨质增生或变形性关节炎。强烈的震动和噪声长期刺激人体，还会使植物神经功能紊乱，出现恶心、失眠等症状。医学上通常将这类震动引起的疾病称为"震动病"。

驾驶用手套会在手掌和手指处使用防滑的翻皮或植入细小的颗粒，防止打滑；在手腕等活动部位使用弹性更好的莱卡材料，手套与手掌紧密贴合，手掌活动自如不受阻碍；在容易出汗的关节部位使用COOLMAX面料，加速汗液导出，保持

手掌的干爽。专业驾驶手套价格昂贵，车主也可以选择性价比更高的自行车手套。自行车手套的防滑、透气功能与汽车手套相似，但是自行车手套还更加注意对手的保护功能，在指关节、手背等需要保护的部位增加了吸震、耐磨材料。此外，自行车手套的颜色、外观更加前卫、运动化。

8.3 车内乘客安全须知

❶ 向乘车人宣传安全注意事项，如锁好车门，及时制止乘车人不安全动作，如将头、手伸出窗外等。
❷ 开关车门前一定要注意周围的交通状况，不得妨碍其他车辆和行人通行。
❸ 还应当提示乘车人在车内不要吸烟，吸烟影响健康，容易发生火灾。
❹ 不要超载，应告知乘客交通法规中有关载人的规定。

8.4 乘客上下车安全须知

❶ 上车前要确认周围尤其是前后方安全后再开门上车。
❷ 车门打开一点后便伸头看看，确认安全后再将车门开大些下车。
❸ 车停稳后，再让乘员上下。

8.5 儿童乘车安全须知

（1）正确使用儿童安全带

如果乘车儿童能够占满一个座位，就可以使用安全带，但安全带不能太靠近下巴。需要注意的是，过于幼小的儿童不能使用安全带，因为安全带在事故中对幼童腹部的伤害并不亚于撞车对儿童的伤害。

（2）使用儿童安全座椅

通常情况下，儿童安全座椅适用于0至6岁半的儿童，儿童安全座椅的使用可

使儿童的乘车安全提高7倍。儿童安全座椅首先要用安全带固定，最好汽车本身也能够固定儿童安全座椅。

（3）儿童乘车时一定要坐后排，不要坐副驾驶

因在不系安全带的情况下，汽车在紧急制动或发生意外碰撞的时候，就会把孩子挤到控制台或者挡风玻璃上，会对孩子造成非常大的伤害。

下面一些做法对孩子来说都是<u>不安全</u>的！

❶ 让孩子自己上下车。小孩子力气小，车门开启时如果推不到位，会造成车门回弹。这有可能夹伤小孩子的手指。此外，车子开门一侧的路况和交通情况，驾驶座上的父母可能不清楚。年轻父母最好亲自给孩子开关车门。

❷ 孩子坐在副驾驶位置。让孩子坐在副驾驶位置是最不明智的。因为有的车具有双气囊，一旦发生危险气囊弹出，挡在人与车体之间，使人免受伤害；但由于孩子上身较矮，气囊弹出的位置往往是在孩子的头部，非但保护不了孩子，反而会造成伤害。所以，12岁以下的儿童必须坐在后排位置。

❸ 让孩子在后备厢里做游戏。家长为了不让孩子纠缠自己，也为了全神贯注地开车，便让孩子在打开的后备厢里独自玩耍。车辆行驶时，孩子会东倒西歪，如果撞及车内硬物，可能会受伤。此外，从设计上来讲，后备厢是吸收后方撞击力的地方。所以，把孩子放在那里实在是不安全的。

❹ 家长抱着孩子乘车。乘车时，许多父母习惯于把幼小的孩子抱在怀中。由于孩子坐得比较低，头部刚好在家长的胸部时，如果发生猛烈的碰撞，家长的胸部会自然向下压，猛力压下孩子的头颈，对孩子造成极大的伤害。此外，当汽车以40km/h的速度行驶时突然紧急刹车，在惯性的作用下，即使5千克重的婴儿也不容易控制，因此家长很难保护怀中的孩子。

❺ 小孩绑成人安全带。不少家长喜欢给年幼的孩子绑上成人专用的安全带。一般来说，汽车座椅和安全带是专为成人设计的，不适合儿童体型。孩子使用成人安全带，如果绑得太紧，如发生车祸会造成致命的腰部挤伤或脖子脸颊的压伤。如果绑得太松，发生车辆碰撞，儿童又有可能会从安全带和座椅之间的空当飞出去。

❻ 开车与孩子说笑。很多人把行车途中作为与孩子交流沟通的最好时机。父母边开车边与孩子聊天、讲故事，甚至说笑；还有的人把一大堆零食拿出来给孩子吃。把注意力分散在孩子身上，将严重影响行车安全。开车时一定要注意力集中；如果孩子有事情求助于您，最好是找到合适位置按规定停车，然后再处理孩子的事。

❼ 车内堆砌装饰品。对于车内装饰，绝对不能有尖锐和硬的东西，这样才能保证在发生事故时儿童不会因为撞击到它们而受到伤害。此外，有些情况对成人也许构不成伤害，但可能伤害到婴幼儿。如放置在操控台上的香水、装饰品，一旦被猛烈追尾它们就会弹射出去，高度往往正好是在孩子头部的位置。

9 其他驾驶技巧

9.1 如何开得"稳"

对于自动挡汽车来说比较容易，只要不猛踩油门、刹车，不要高速转弯，就可以开得稳。

这里以手动挡汽车为例介绍汽车的平稳驾驶方法。

（1）起步

先不要踩油门，松离合器到半联动，然后根据道路情况边平缓踩油门边松离合器，车获得一些速度后完全松开，即可平稳起步，然后再平缓踩油门提速。

（2）加挡

加挡不产生顿挫的方法：提速到适合换入高一级挡位的速度后，再换入高一级挡位，松离合器，一旦进入半联动状态立即边加油边松离合器，操作熟练后就感觉不到换挡产生的顿挫了。

提速不够就换高挡，会因动力不足而产生震动；提速过高换入高挡后，离合器处于半联动状态时，油门不能及时加到足够或离合器松得太快，会产生明显的制动感。

（3）减挡

减挡不产生顿挫的方法：平缓松油门降速到适合换入低一级挡位的速度，再

换入低一级挡位，松离合器，一旦进入半联动状态立即边松离合器边根据车速加油，操作熟练后就感觉不到换挡产生的顿挫了。油门跟不上也会产生明显的制动感。

9.2 转向不足或转向过度的处理

车辆转弯时，方向盘转过一定范围后，比如半圈，汽车并没有转向到正常情况下应该转到的方向上，这就是转向不足。造成转向不足的原因很多，主要有车速过快、路面湿滑或不平及前轮破裂等。前轮驱动的车辆更容易因用力踩油门而导致转向不足，这是因为猛踩油门时，车辆的重心就会往后移，导致车辆前方部位向上微仰，前轮附着力减弱，造成转向不足。

这时候略收油门，将车速稍微降低后轻点制动，就可以解决。千万不要猛踩制动踏板或是认为转向盘没转够而继续转，否则就会发生严重的侧滑。

车辆转弯时，方向盘转过一定范围后，比如半圈，汽车超出了正常情况下应该转到的方向上，这就是转向过度。导致转向过度的原因很多，如速度过快。如果发生在后轮驱动的车辆上，通常是因为转弯时油门踩得太大或突然松开油门导致的。一旦油门踩下，后轮的侧向力会突然降低，使车辆前方侧向力增大，而导致转向过度。一般的处理方法是：慢慢松开油门或轻点制动，降低车速，向反方向转动方向盘，要少打少回，可分为几次修正。当车子开始朝原先行驶方向转动时，立即回轮，不要回得过猛，以免车辆摆动过大。

9.3 避免油门当刹车踩

油门当刹车踩的原因是操作还没有形成本能，遇到紧急情况时会再次无意中按原来的方向踩下去。

解决办法：原地练习急刹车操作，既简单又安全有效。

将右脚放在油门上，迅速抬起，向左移动到制动踏板上方，也就是接近并拢左腿的地方，然后迅速踩到底，反复操作，直到形成本能。遇到紧急情况，人的本能就会被激发出来，油门当刹车踩就很难发生了。

9.4 高速行驶或下长坡时安全控制车速

下长坡以挂低速挡不加油控制车速为主，行车制动为辅。

高速行驶或下长坡的过程中，长时间使用制动，会因高温导致制动失效，从而发生危险。活塞压缩气体时有很大的制动力，所以靠发动机制动才是正确的做法。

9.5 紧急情况如何"躲闪"

遇到紧急情况时，不能只顾制动，不可只盯住危险，要快速转头观察周围情况，找空当躲闪。没有ABS的车辆紧急制动产生侧滑时，将导致无法控制方向，此时要松一下制动，再打方向躲闪。平时可原地模拟练习。

9.6 如何防止车辆停放后被撞

❶ 不要在狭窄路段停车。
❷ 不要在妨碍交通的地方停车。
❸ 停车入位一定要到位，车身不要出车位线，尽量靠向路边。

9.7 避免打瞌睡

保证充足的睡眠是最佳选择。如果不能保证，但是还不影响安全驾驶，驾驶技术娴熟，上路也行。万一瞌睡了，可采取如下方法缓解。

（1）开窗进气

让外面的冷空气进入车内，可使头脑清醒，消除困倦。

（2）刷牙洗脸

感到疲倦时，可利用停车的机会，用具有芳香气味的牙膏刷牙漱口，用冷水洗脸，可以使头脑清醒些。

（3）食物提神

在出车前，可事先准备一些酸辣食品，困倦时吃一些，亦可泡杯浓茶或冲杯咖啡喝，以解困意。

（4）活动身体

停车时活动活动身子和腿部，可使大脑兴奋起来，在一定程度上可减少睡意。

（5）音乐刺激

困倦时可将车内的音响打开，选听一些令精神振奋的音乐，困倦感就会立即消失。以上方法都无效时，找个安全的地方停车睡一会儿。

9.8 避免疲劳驾驶

❶ 保证充足的睡眠。睡眠时间因人而异。以醒后感到精力充沛为准。

❷ 如果驾驶员已经感到困乏或疲倦，最好找安全的地方停车休息一会儿或让车上其他的驾驶员驾驶。尤其是在下午2时，很多驾驶员有午休的习惯，哪怕睡上十分钟也可以得到极大的缓解。

❸ 尽量不要在通常自己习惯睡眠的时间段驾车。因情况不同，人的睡眠时间并不一致。因为身体是按照一定的节律和模式工作的，如果打乱这一节律，将带来不良影响。

❹ 驾车前要考虑自己的状态，如果已经感觉自己在体力或精神上有些勉强，最好不要勉强驾驶，以免发生意外。

❺ 改变驾车环境也可以大大改善驾驶时疲劳的感觉，比如将窗户打开，强烈的风可以暂时提高驾驶员的兴奋程度。

❻ 在车内常备一些令人兴奋的食品或药物也是应对疲劳的好方法。疲劳时可抹一些风油精，或是吃薄荷味的口香糖。

9.9 危险时段的应对

（1）午间

经过上半天的劳累，人的大脑神经已趋疲劳，反应灵敏度减弱。加上有的长途车司机急于赶路,把本该吃饭的时间一拖再拖,有的干脆每天只吃早、晚两顿饭,中午时饥肠辘辘,腹中空空,手脚疲软,极易出现意外。而午餐后人体内大量血液作用于胃肠等消化器官,脑部供血相对减少,因此会出现短暂的困倦感和注意力分散。这段时间千万不要急于加班开疲劳车。

(2) 黄昏时分

据不完全统计,每天17时至19时发生的交通事故约占全部事故的1/4,因此尤须小心。黄昏时分光线由阴转暗,司机容易出现视觉障碍,导致判断失误,措施不当。加上经过一天的旅途劳顿后,会出现眼干、喉燥、头晕目眩、耳鸣、出虚汗、打哈欠等一系列疲倦症状。此时如不停车休息,很容易造成交通事故。另外,行人在行走时也由于出现视觉障碍而导致观察不清,躲让过往车辆判断不准,加之回家心切,行走速度快,也极易造成交通事故。

(3) 午夜时分

午夜1时至凌晨3时,万物处于"休眠状态",使驾驶员容易产生道路"空旷"的感觉,于是便天马行空,超速驾驶,结果常有长途驾驶员把车撞到路边的树上、建筑物上还浑然不觉。而且这段时间人的生理节律处于大脑反应迟钝、血压降低、手足血管神经僵硬麻痹的状态。由于极度疲劳,心脏功能不好的人还容易诱发心脏骤停、心肌梗塞和脑血栓等,这些都潜伏着交通事故的危机。

9.10 经典语录

❶ 不要在开车时打手机,因为它的费用过于昂贵,除了通话费、漫游费,可能还有医疗费,有时甚至是丧葬费。

❷ 一款高档手机,70%的功能可能都用不上;一款高档车,70%的速度都是多余的。

❸ 如果你超越的车比超越你的车多,你可能已经超速了。

❹ 你可以超车,但你不是超人,因为你的安全气囊和你都是一次性的。

❺ 酒后驾驶可能使你很快活,但也可能使你很快死。

❻ 虽然你是清醒的,但对面开过来的车未必清醒。

❼ 要看清你的周围,也要让你的周围看清你。

❽ 经常修理好你的车,不要等医生来修理你。

❾ 爱护好你的车,它会使你平平安安地回家;爱护好你的家,它会使你快快乐乐地开车。

9.11 长途驾驶经验

(1) 出发前作车辆检查

长途驾车，检查机油量是必需的。还要检查水箱的冷却液是否在规定的范围内。如果使用的是四季通用型防冻液，可以两年左右更换一次，但要确认冰点的高低。除此之外，胎压也是出发前必须要做的一个检查项目。

(2) 熟悉车辆有用功能

长途驾驶之前要对车辆做个全面的了解，尤其是GPS、巡航等较为复杂的配置，一定要事先弄懂，不要边开车边研究，这样容易分心。再者，要认真检查前后车灯、转向灯、喇叭、后视镜、车窗、雨刮器等部件是否工作正常，事先排除隐患。如果有时间，可练习更换轮胎。

(3) 安排好休息时间

建议不要夜晚开车。开车跑长途最好多休息，每开两小时休息15分钟。

(4) 遇恶劣天气要慎"行"

在长途路上，难免会遇到雨雾天气甚至道路结冰，早晨大雾、突如其来的雷雨等情况时有发生。提醒大家的是，雾天时赶快停车，起雾时尽量在普通公路上低速行驶，如在高速公路行驶时，浓雾突然来临，应该立即将车驶向最近的停车场暂避，或把车驶向紧急停车带停下，开启示宽灯、尾灯、后防雾灯、危险警示灯等。

(5) 轮流驾驶不要超速

同车最好另有一位司机，轮流驾驶，不要一个人从头开到尾，这样会过于劳累。另外注意在高速公路上不要超速行车。除了安全因素还要考虑经济因素，现在高速路上摄像头非常多，一旦超速被拍摄则罚金很高，异地交罚款也是件麻烦事。

长途自驾，由于对路况及环境的不熟悉，发生事故的可能性加大。此外，发生意外时，由于身处异地，车主往往束手无策，因此需要特别对待。

① 出门前要做好充分准备。详细了解沿途情况，制定行车计划。

② 最好多人同时出行，带上灭火器、三角木、三角警示牌、电筒、多块充足电的手机备用电池、铁锹、刀具、斧头、锤子、轮胎扳手、千斤顶、常用随车工具、家用急救包等。这些东西可以减少很多麻烦。

③ 由于对道路的不熟悉，车主常常会分神找路，此时要特别注意行车安全。

❹ 查找并记录好沿途及目的地的救援、急救、保险等热线。出现意外时，保持冷静，迅速制定解决方案。

9.12 容易引发事故的小问题

（1）开车打电话

有关实验表明，通话时驾驶员的注意力下降20%～70%，关注车辆及周围环境的精力减少，事故的隐患大大增加。在德国，安装车载电话的汽车，有1/3曾发生过相撞事故，肇事率是不装电话汽车的10倍。

（2）听音乐

开车时听听音乐，对减轻旅途劳累、放松紧张的神经会有一定的帮助，但是，若音乐音量过大，就会加重驾驶员的听觉负担，分散注意力，降低判断周围环境及汽车情况的准确性，以致车祸的发生。实验表明，当音量为76分贝时，驾驶员判断的失误率不到24%，而当音量为95分贝时，判断的失误率则高过40%。

（3）颜色

明亮的颜色易引起人的感觉兴趣，驾驶员若能经常看到行人耀眼的服装，就能全神贯注，减少车祸的发生。因此，学生的"小黄帽"、红色的小旗都能有效地提醒驾驶员。同样，汽车的颜色与安全也有关系，在雨雾天、黎明和黄昏，明黄色和浅绿色的汽车最易被人发现，发现的距离比一般深颜色的汽车要远3倍左右。鲜艳的色彩，不仅看上去增大了汽车的轮廓，而且还可使迎面而来的驾驶员兴奋和精力集中，因而有利于安全驾驶。

（4）时间

医学研究表明，人意外死亡的高峰时间是凌晨2时到4时，这段时间人的警觉性和行动都较为迟缓。在交通事故中，车祸发生的时间在凌晨1时到4时的最多。另一个危险的时间是下午1时到4时，这是人白天最为困倦的时候，精力很不容易集中。

（5）司机患肝炎或服药

司机患肝炎后易导致急性锌缺乏，使体内肝贮存的维生素A不能动员和运转出来而引起视力失常。最常见的是暗适应失常、夜盲症和强光闪耀后视力恢复障

碍（闪光盲症）。所以在夜间开车时，往往因被对方来车的强光照射导致眼睛突然失明，来不及作出反应而撞车。另据德国科学家研究资料表明，发生事故的司机约有11%是由于服镇静、安眠、止痛、止咳药引起的。

（6）开车吸烟

吸烟不仅危害人的身体健康，还能导致车祸的发生。据美国专家分析，烟雾刺激眼睛、呼吸道，易引起视觉模糊、咳嗽等。据测定，在黄昏时，如短时间内接连吸四支烟，可降低视力20%～30%。

9.13 学一点修车知识以备急用

9.13.1 烧机油的原因

很多人都碰到过烧机油的情况，烧机油可以分为三种情况：凉车烧机油、加速时烧机油和任何情况下都烧机油。

一般前两种情况没有大家想象的那么严重，判断烧机油属于哪种情况，可以了解发动机的哪个部位出了问题。

（1）凉车烧机油

一般凉车烧机油是指早晨第一次着车烧机油的情况。

❶ **判断方法**：在早晨第一次着车时，后排气管会有比较浓的蓝色烟雾排出。过一段时间，蓝色烟雾消失，当天一般不会再有类似的情况发生。如果前面的情况出现时间已经较长，有可能原地停车熄火时间较长，也会冒蓝烟。第二天早晨又有同样的问题发生，其他情况下没有蓝色烟雾产生。出现这种情况就属于凉车烧机油。

❷ **原因**：由于气门油封长时间使用导致老化并磨损严重，已经无法达到很好的密封效果。在发动机长时间不运转时，机油会在重力的作用下通过气门油封流入汽缸。在启动发动机时，汽缸内的机油在高温高压的作用下，就会燃烧产生大量蓝色烟雾。

（2）加速时烧机油

❶ **判断方法**：在车辆行驶过程中，驾驶员猛踩油门或原地着车猛踩油门时，从排气管排出大量蓝烟。严重时，当驾驶员猛加油门后，可以从排气管侧的后视

镜中看到蓝色烟雾。

❷ 原因：发动机活塞上的活塞环与汽缸壁密封不严，在急加速时机油直接从曲轴箱蹿到汽缸内，导致烧机油。

（3）任何情况都烧机油

原因：在任何情况下都出现烧机油的情况，说明发动机已经磨损相当严重，需要进行发动机大修。如果不及时进行维修，会造成比较严重的事故隐患。

9.13.2 听声音找故障

机件异常时，发出的声音也不同于往常。所以通过听声音是可以判断一些故障的。汽车通常发出的故障声音有以下9种。

❶ 撞击声：一种较重的铁器撞击的响声，很可能是引擎固定架因长时间严重磨损，当引擎速度变化时就会发生撞击。但也有可能是汽车的前后悬架出现损坏。

❷ 轻敲声：声音类似重敲声，但声响要小。这种声音出现时，车主要想一下是否使用了劣质汽油，如果使用了劣质油还可出现爆鸣声响。

❸ 滴答声：可能是驱动轴的万向节损坏了，也可能是轮胎里的小石块敲打轮胎或风扇叶片弯曲松动造成的。

❹ 咝咝声：像气球漏气，大多是冷却系统有毛病。如果是冷却系统出现故障，在车的底部可以看到液体。另外，轮胎大漏气或发动机真空室漏气也会出现这种声音。

❺ 重敲声：像沉闷的敲门声。大多是发动机内部原因，很可能是因为车辆老化所致，轴承或发动机阀门损害也可引起。

❻ 啸鸣声：大多出现在汽车转弯时，可能是风扇传动带松动或已磨损。有时轮胎气量不足，也出现这种声音。

❼ 嗡叫声：这种声音像蜜蜂发出的声音，它的出现很可能是某零部件松动，发动机底部的塑胶或金属部件及空调或压缩机的固定支架松动最为常见。

❽ 轰鸣声：从车上发出带有一种"鸣"的叫声。很可能是轮子里、压缩机里或水泵里的滚珠轴承坏了，也很可能是空调或压缩机出现了故障。

❾ 变调声：主要是电机老化发出的不协调声音。

9.13.3 简单电路故障的判断

大灯不亮，全车无电，可能是保险烧毁。保险在保险合盖上都有说明，一般在说明书里都有，拔出对应的保险，看是否被烧断，就可以判断故障发生的原因。如果没有被烧断，可能是灯泡损坏、总线断裂或脱落。如被烧断应检查电线有没

有破裂的地方，找出故障后先排除然后再换新保险。在没有弄清原因之前，千万不要用导线代替保险。突然全车无电有可能是蓄电池接线柱接触不良造成的，不要误认为是蓄电池损坏。

9.13.4 车内消毒方法

（1）高温消毒

使用高温蒸汽，加入车主喜爱的精油或者香料熏染车内空气，对车内空气起到一个消毒、杀菌、去异味的作用，改善车内味道。但也容易因为化学物质相互作用，再次产生不良气体。如果消毒太频繁，也有可能影响车内电子元件的工作。

（2）利用臭氧杀菌

它的原理是：在较短的时间内破坏细菌、病毒和其他微生物的结构，使之失去生存能力，是一种广泛、高效、快速的杀菌方式。

（3）喷剂杀菌

车主也可自己购买各种去味、杀菌喷剂，在家随时对爱车进行消毒。

9.14 特殊人群安全驾驶

（1）眼镜族

夜间不要长时间行车。可佩戴透光性好的眼镜或是戴隐形眼镜。一定要擦干净眼镜，眼镜不干净，会造成星光灿烂的感觉，不利于安全驾驶。

（2）女性司机

发动机出现积炭现象、涡轮增压器出现故障等都是女性车主容易碰到的问题。据维修专家介绍，其原因大多是女性车主平时开车行驶速度过慢造成的。车速过慢导致涡轮增压器不能正常工作，散热不充分，最终使涡轮增压器损坏。专家建议，开车过慢的女性车主要定期找老司机帮忙，开车到高速公路上跑一跑；平时驾驶这些带有涡轮增压器汽车的车主，在车辆停稳后，应保持2～3分钟的怠速状态，再熄火。这样能使涡轮增压器散热均匀，延长其使用寿命。

一些不良驾驶习惯也会导致汽车经常出现故障。例如，经常多次踩踏刹车踏板使刹车片很快变薄，减弱刹车效果；换挡时长时间踩着离合器踏板不放，俗称

"闷离合"，这样会造成离合器片的磨损，缩短离合器的使用寿命。

此外，女性车主在驾驶时要特别注意系安全带。有些女性车主怕弄皱衣服便不系安全带，这很危险。车内应放一双平底鞋，穿高跟鞋开车存在很多安全隐患，会直接影响到踩离合器、油门踏板和制动踏板的动作。车内不能有过多悬挂物，特别是后挡风玻璃前不宜过多放置物品，一是遮挡视线，二是在紧急刹车时，物品飞向前方容易伤及车内人员。

❶ 了解基本维修保养常识

很多女性车主对汽车的机械原理了解得并不多，因此，买车后开车虽然没问题，但用车过程中经常出现的小问题却让她们头疼不已。更有一些女性车主，在修车、保养时充当了"冤大头"。因此新车到手后，建议女性车主仔细阅读用户手册，掌握日常用车小常识，记住爱车的保养周期，及时到4S店进行保养，使车子处于最佳行驶状态。

专家建议，女性车主每次行车前都应仔细检查一下水温表、发动机故障报警灯、ABS故障报警灯，在开车过程中注意汽车是否有异常声音等。发现异常要及时处理，否则小问题也会酿成大故障。

❷ 遭遇紧急情况如何处理

女性车主在行车过程中遇到突发状况，不能自己解决，或者需要求助时，救援电话就派上用场了。建议您选择一家信得过的4S店，并成为该店的长期客户。很多4S店提供24小时救援服务。这样，当您的车在路上遇到突发事件需要救援时，拨打他们的救援电话就能够得到及时帮助。

对于大多数女性驾驶员来说，最头疼的是爆胎。因为她们很多都不会换备胎，所以了解一下换备胎的方法也是应急所必备的。更换轮胎的方法和步骤如图9-1所示。

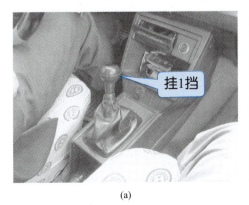
(a)

(b)

图9-1

在不需要拆卸的车轮下垫上制动块

(c)

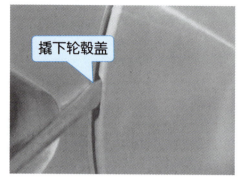

撬下轮毂盖

(d)

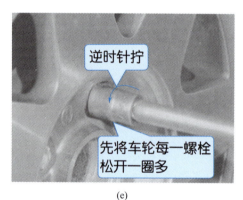

逆时针拧

先将车轮每一螺栓松开一圈多

(e)

找到待换轮胎附近的千斤顶缺口，支好千斤顶，向上顶起，直到轮胎离开地面

(f)

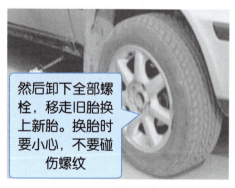

然后卸下全部螺栓，移走旧胎换上新胎。换胎时要小心，不要碰伤螺纹

(g)

换上备胎后先按对角拧到七八成紧，取下千斤顶后再按对角拧紧

对角拧紧

顺时针拧

(h)

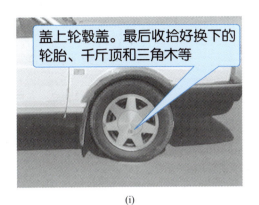

(i)

图9-1 更换轮胎的方法和步骤

9.15 交通事故的处理

没有人愿发生交通事故,一旦发生,必须保持镇静,找出正确处理的方式可以大大减少不必要的额外伤害和损失。

❶ 事故发生后,立刻在车后设置标识并迅速离开主干道,撤至安全地带,以避免二次事故的出现。

❷ 尽快拨打交警及救援电话,并尽量不要破坏事故现场。

❸ 通知你参保的保险公司。

❹ 平时应在车内备有常用急救工具。随身带有急救及保险公司热线电话号码。

10 特殊出行驾驶要诀

10.1 自驾游出行驾驶要诀

如果要自驾游,"列计划、查车况、备物品、巧驾驶、再保养",都是必不可少的。

(1) 做好出行计划

好记性不如烂笔头,不打无准备之仗。一份详尽周密的书面计划是安全自驾游的保证。自驾出行要游览的景区景点、往返的行车路线都得在计划内,比如哪里要维修封路,哪里开通了新路,都要提前做到心中有数,这样可以大大节约时间。

此外,选择合适的行车路线和休息站点是很关键的,它可以让你对所需时间、路途费用有一个大概的估算,还能减少不必要的花费,最大限度地节省时间和燃油。具体为:先确定要去游览的景区景点,再选择行车路线。行车路线的选择最好遵循先高速、后国道的原则。

(2) 全车检查,保障安全

如果你不想爱车在半路熄火,全家人打道回府的话,那么在出游前对爱车全面检查是必不可少的。燃油、机油、蓄电池和轮胎及备胎气压都在检查范围内。此外还要检查是否带好了备用车钥匙,检查照明灯、信号、喇叭、后视镜、门锁是否有效,玻璃水是否充足,喷水泵能否正常工作,雨刷片弹性是否正常等,一个也别漏掉。汽车的一些小伤小患在短途行车中可能显露不出,可一旦长途行车

就会显露出来，成为安全隐患。一定要消除隐患，确保车况良好才能上路。

（3）备齐物品，确保畅通

必备的行车装备一定要带齐，以备急用。修车工具、打足气的备用胎、简易补胎工具、千斤顶、灭火器、停车警示牌都是必不可少的。此外，水壶、手电和备用电池、灯泡也不要忘记。旅途中一旦生病，一些常备药也能派上大用场，如感冒药、消炎药、黄连素、止血绷带、创可贴、维生素药片和红花油等都要收罗进来。另外，相关的证件、票据——如身份证、驾驶证、行驶证、养路费、车船税单据等一个都不要落下。

（4）不同路况，不同技巧

自驾出游面临的路况比较多，高速路上，大货车比较多，一般都会在外道行使，超车时，应先转到超车道上，打左转向灯同时用大灯晃几下并鸣笛通过。在遇到雾天时，一定要把全车所有的雾灯打开，同时打开双闪并在外道行使，减到60km/h以下。汽车高速行驶很容易对驾驶员造成速度感、车距感的模糊，所以在行驶中一定要保持好车距，同时注意高速公路上的距离标志。

盘山路上，多转弯多盲区，因此行驶在盘山路段的时候，首先要控制好车速，过弯的时候要特别注意提前观察转弯盲区镜，采取转大弯、走缓弯的办法，不可急转方向，更不可在弯中制动或挂空挡。

刚刚驾车来到一个相对陌生的城市，对这座城市的路段和特殊街路并不完全了解，在驾驶的时候就要勤看路标，配备一个GPS导航会让一切都化繁为简。

（5）回来后要认真保养爱车

轮胎：首先要给轮胎来一次细心检查，建议做四轮定位，测胎压以及检查轮胎的磨损情况，来确定轮胎使用状况。

底盘：由于对路况不熟，很多车主在旅行过程中都有刮底盘的经历，有时会出现爱车有轻微异响、方向盘抖动、车辆停放位置出现油渍等现象，这就说明汽车的底盘已经受损。建议最好做一次专业的底盘防锈护理或者做一次底盘装甲，以绝后患。

清洁：许多车主在自驾游归来之后都会去洗车，大部分人只是注重汽车表面的清洁，而忘记车厢内部的清洁。实际上，无论在什么季节，汽车经过长时间的行驶，都会在车厢内累积不少尘土和细菌，尤其是地毯、车顶和门饰板等部位。因此建议在洗车的时候，最好同时做一个车厢内部的清洁和杀菌，防止车厢内出现异味、霉变的现象。

10.2 越野驾驶要诀

要诀一：爬坡不要总用一挡

越野车即使挂上低速四驱，一般也只能爬上45°的斜坡。如果地面有碎石和泥沙，就算抓地力再好的轮胎，也会发生车轮打滑现象。

对策：控制好车速。不要总是用一挡爬坡，这样虽然扭矩很大，但动力很快就会达到发动机的极限。使用二挡以相对较快的速度爬坡更容易，尤其是在湿滑的坡上更是如此。

还要观察土壤条件：湿土提供最佳的附着力。疏松的干土或沙土可能导致车轮空转。湿地或泥泞可能是最困难和最危险的情况，可能导致车辆失控。

要诀二：陡坡倒车最好挂倒挡倒车，不要空挡，只用制动控制

如果爬坡爬到一定程度，车轮开始打滑，然后向后溜车，这表明爬坡已经失败，必须从平地重新开始爬坡。

对策：为避免危险，最好挂倒挡，然后依靠发动机的牵引力抑制下坡速度。如果车速过快，可配合刹车控制车速。

要诀三：泥地行车可以降低轮胎气压

泥地行车对提高车手的越野能力很有帮助。在泥地行驶时，要熟练地用加减挡和油门来控制车速，尽量避免踩刹车。

对策：一般可以用降低轮胎气压的办法在泥地上行驶。但一定要注意，在凹陷的路面上用力转向会使轮胎局部受力过大，可能会受到钢圈挤压，导致损坏。

要诀四：穿行乱石备好备胎

一般越野车通过乱石障碍是不成问题的，但碎石容易引起强烈的颠簸。车手要格外小心有棱角的石头，以免扎破轮胎，或在两侧胎壁上划出口子。

对策：以较慢的速度通过，这样可大大降低轮胎被划破的危险，但也不能保证绝对的安全。到有乱石的地方去，必须有备胎和随车充气泵。通过后，应仔细检查所有轮胎的情况。因为高速行驶，轮胎上的一道小裂痕都容易引起爆胎。

要诀五：斜坡侧行小心沙质路面

斜坡行驶的危险性很大，有翻车的可能性。一般越野车能倾斜40°，但倾斜

到35°车内的人就会受不了。

对策：尽量不在可能翻车的角度上行驶。在路过一个斜坡的时候，车手一般看不到前方路况，这时最好在别人的指挥下通过危险路段。如果要在沙质斜坡上侧行要格外小心，松软的沙面会让较低一方的轮胎发生打滑，引起翻车。

10.3 季节交替驾驶要诀

季节交替时，由于环境、气温变化很大，车子最易发生故障，需要加倍注意。此外，不同季节对于车子的养护也有不同的注意事项。

（1）春季保养

❶ 春季雨水较多，雨水中的酸性物质会损害汽车漆面，因此要特别注意保护好汽车漆面。
❷ 拆洗汽缸和散热器的放水开关。清洗发动机水套，清除冷却系中的水垢。
❸ 换掉冬季用机油。

（2）夏季保养

❶ 清洁空调，以便夏季使用。
❷ 防止高温对发动机损坏，应及时添加冷却液，注意发动机是否过热。
❸ 减低轮胎气压，防止爆胎。
❹ 防止暴晒对车漆的损伤。

（3）秋季保养

❶ 秋季多雨，应特别注意潮湿对车的影响，破损的车漆应尽快补好，以免雨后生锈。
❷ 大灯、雨刮、雾灯有故障应马上维修。
❸ 雨天也要定期洗车打蜡，以免酸性雨水损伤车漆。

（4）冬季保养

❶ 调整手刹的松紧。冬季路面滑，手刹的作用更多。
❷ 检查轮胎和气压。冬季路面摩擦系数低，轮胎气压不可太高，但是更不可过低。

❸ 水箱添加防冻液。

❹ 检查橡胶雨刮片。冬季气温低,老化的橡胶雨刮片是僵硬的,无法使用,为保证安全最好更换。

❺ 冬季对机油要求较高,如果里程接近保养期应提前更换适合冬季的机油。

视频索引

视频内容	二维码位置
汇入车流	P41
跟车	P48
会车	P55
超车与让超车	P57
变道	P60
公路掉头	P81
狭窄路口通行	P89
环岛通行	P94
立交桥通行	P97
铁道路口通行	P109
高速公路驾驶	P126
垂直停车场停车	P137
斜线停车场停车	P152
纵向停车场停车	P156